Desara Beqari Gjonej / Martin Prochazka

Eja edhe ti! 1

Lehrbuch für Albanisch mit Lösungen
Niveau A1–A2/1

Konzept und Projektleitung:

Desara Beqari Gjonej

Herzlichen Dank!

Für die Projektbetreuung:

Univ.-Prof. Dr. Walter Höflechner

Für die Projektfinanzierung:

Bundesministerium für Wissenschaft, Kultur und Forschung, Wien

Schmetterling Verlag

Bibliografische Informationen der Deutschen Nationalbibliothek:
Die Deutsche Nationalbibliothek verzeichnet diese Publikation in der Deutschen Nationalbibliografie; detaillierte Daten sind im Internet über http://dnb.d-nb.de abrufbar.

Wir danken allen KollegInnen und Albanisch-InteressentInnen, die *Eja edhe ti!* im Unterricht und Selbststudium erprobt und mit wertvollen Anregungen zu einem gelungenen Lehrwerk beigetragen haben.

Eja edhe ti! **1 – Materialien**

- Lehrbuch mit Lösungen
- Arbeitsbuch mit Lösungen, Grammatik und Vokabelverzeichnis (Albanisch-Deutsch)
- MP3-Download zu Lehr- und Übungsbuch: **zu erwerben unter www.schmetterling-verlag.de**

Externe Lektoren: Prof. Veiz Karagjozi, Prof. Tefë Topalli
Titelbild: TOLI (www.toliart.co.uk)
Zeichnungen: TOLI (www.toliart.co.uk)
Fotografien: Florian Gjonej, Riana Ura Dragu

Schmetterling Verlag GmbH
Libanonstr. 72A
70184 Stuttgart
www.schmetterling-verlag.de
Der Schmetterling Verlag ist Mitglied von aLiVe.

ISBN 3-89657-963-0
2. Auflage 2024

Printed in Bulgaria
Druck: Multiprint, Kostinbrod

Vorwort

Liebe Leserinnen, liebe Leser!

Möchten Sie **Albanisch als Fremdsprache** lernen und haben Sie wenig bis keine Albanisch-Vorkenntnisse oder möchten Sie **Albanisch als Erstsprache** auffrischen und möglicherweise einige Unklarheiten besser verstehen? Möchten Sie **Albanisch in einem Kurs** erlernen oder lernen Sie gerne im **Selbsstudium**?

Dann haben Sie das richtige Lehrwerk ausgesucht, um Ihr Lernziel zu erreichen!

Eja edhe ti! 1 führt Lernende zu den Sprachniveaus A1–A2/1 und *Eja edhe ti! 2* zu A2/2–B1 (nach dem Gemeinsamen Europäischen Referenzrahmen).

Wie arbeiten und lernen Sie mit dem Lehrwerk *Eja edhe ti! 1*?

Unsere Lernreise beginnt mit der **Eingangslektion**. Hier lernen Sie das Alphabet, einige Begrüßungen und einfache Satzstrukturen. In dieser ersten Station fehlen Grammatikerklärungen zur Gänze. Je nach Lernintensität und Differenzierung im Unterricht können Sie Ihren Wortschatz erweitern und/oder in Dialogen weiter üben. Von Anfang an werden alle vier Fertigkeiten trainiert, die für das Erlernen einer Fremdsprache wichtig sind: Lesen, Hören, Schreiben und Sprechen.
In der Eingangslektion lernen Sie außerdem die **Hauptpersonen – AlbanischstudentInnen in Tirana** – kennen, die Sie beim Erlernen der albanischen Sprache durch die folgenden **20 Module** begleiten werden.

Zu diesem Band gehört auch ein Arbeitsbuch. Im Lehrbuch wird so kenntlich gemacht, welche weiteren Aufgaben im Arbeitsbuch folgen:

AB: Ü. 1–4

Wenn zu einem Text oder zu einer Übung eine **Audiodatei** vorhanden ist, finden Sie diesen Verweis:

Audio 1

Die Audiodateien können im MP3-Format unter www.schmetterling-verlag.de erworben werden.

Am Ende jeder Modulgruppe (Modul 1–4, Modul 5–8 etc.) finden Sie eine **zweisprachige Wortliste** mit den wichtigsten Wörtern, die Sie am Ende dieser Module aktiv anwenden können sollten.

Des Weiteren finden Sie am Ende des Arbeitsbuches eine **alphabetische Auflistung** des Wortschatzes (Albanisch-Deutsch) des gesamten Lehrwerks *Eja edhe ti! 1*.

Im Arbeitsbuch finden Sie eine **Zusammenfassung der Grammatik** auf Deutsch erklärt, mit vielen Beispielen aus den Texten und Übungen im Lehrwerk. Sie finden in diesem Teil auch sehr viele Sprachvergleiche (Albanisch-Deutsch) – so können die grammatikalischen Phänomene besser verstanden und nachhaltig gelernt werden. So wird auf die Grammatik verwiesen:

➔ Gr. S. 100

Was genau im Lehrwerk *Eja edhe ti! 1* ermöglicht und erleichtert Ihnen das Selbsstudium?

- Lösungsschlüssel für alle Aufgaben im Lehr- und Arbeitsbuch
- Ausführliche Grammatikerläuterungen auf Deutsch mit Sprachvergleich und vielen Beispielen
- Wortlisten am Ende jeder Modulgruppe in Albanisch und Deutsch mit Beispielen aus den Modulen
- Alphabetische Wortliste (Albanisch-Deutsch) am Ende des Arbeitsbuches
- Viele Audiodateien mit Dialogen, Texten und Phonetikübungen
- Authentische Situationen in Dialogen und Texten

Viel Spaß mit *Eja edhe ti! 1* beim Lehren und Lernen wünschen Ihnen

Desara Beqari Gjonej, Martin Prochazka und der Schmetterling Verlag

Pasqyra e Lëndës
Inhaltsverzeichnis

1. Audio 1 Hören und wiederholen Sie.

A	a	[a]	ar (Gold)	N	n	[n]	nënë (Mutter)
B	b	[b]	baba (Vater)	Nj	nj	[ɲ]	një (eins)
C	c	[ts]	cjap (Ziegenbock)	O	o	[o]	orë (Stunde, Uhr)
Ç	ç	[tʃ]	çantë (Tasche)	P	p	[p]	peshk (Fisch)
D	d	[d]	dorë (Hand)	Q	q	[t + j, c]	qen (Hund)
Dh	dh	[ð]	dhe (und)	R	r	[r]	rini (Jugend)
E	e	[e]	erë (Wind)	Rr	rr	[r:]	rrugë (Straße, Weg)
Ë	ë	[ə]	është (ist)	S	s	[s]	sy (Auge)
F	f	[f]	flamur (Fahne)	Sh	sh	[ʃ]	shi (Regen)
G	g	[g]	gotë (Glas)	T	t	[t]	ti (du)
Gj	gj	[ʤ]	gjuhë (Sprache, Zunge)	Th	th	[θ]	thikë (Messer)
H	h	[h]	hundë (Nase)	U	u	[u]	urë (Brücke)
I	i	[i]	iriq (Igel)	V	v	[v]	vezë (Ei)
J	j	[j]	jo (nein)	X	x	[dz]	xixëllonjë (Glühwürmchen)
K	k	[k]	kush (wer)	Xh	xh	[dʒ]	xhaketë (Jacke)
L	l	[l]	lugë (Löffel)	Y	y	[y]	yll (Stern)
Ll	ll	[L]	llambë (Lampe)	Z	z	[z]	zebër (Zebra)
M	m	[m]	majmun (Affe)	Zh	zh	[ʒ]	zhurmë (Lärm)

AB: Ü. 1–4

2. Audio 5 Hören und wiederholen Sie.

Shshsh!

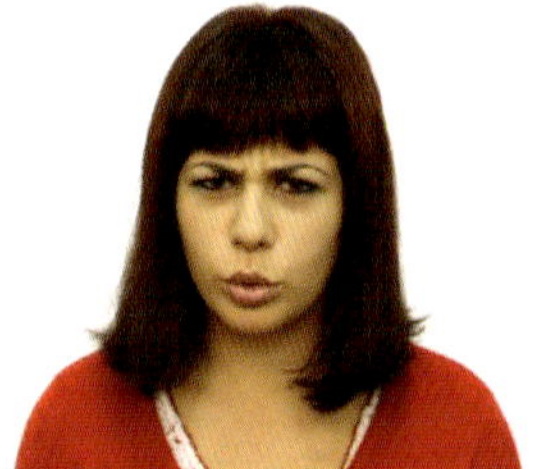
Tc-tc-tc!

Mmmm!

Pf!

Yyyyy!

Aaaa!

Iiiiiiii!

Ëhë!

Oh!

Ua!

3. **Audio 6** **Hören und wiederholen Sie.**

1) Unë quhem Magdalena.
Vij nga Zvicra.
Unë mësoj shqip.

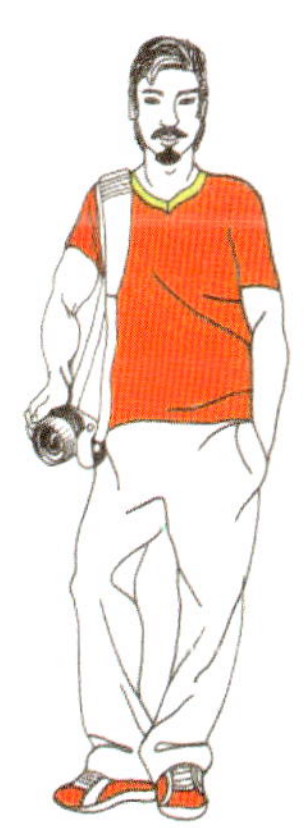

2) Unë quhem Karlos.
Vij nga Spanja.
Unë mësoj shqip.

3) Unë quhem Tom.
Vij nga Austria.
Unë mësoj shqip.

4) Unë quhem Klara.
Vij nga Italia.
Unë mësoj shqip.

5) Unë quhem Xhejms.
Vij nga Amerika.
Unë mësoj shqip.

6) Unë quhem Majlinda.
Vij nga Shqipëria.
Unë flas shqip.

7) Unë quhem Edlira.
Vij nga Shqipëria.
Unë flas shqip.

8) Unë quhem Gent.
Vij nga Shqipëria
Unë flas shqip.

4. **Audio 7** **Hören und wiederholen Sie.**

- Mirëdita, Genti!
- Ç'kemi, Manjola? Si je?
- Mirë, faleminderit!

Ç'kemi? – Was gibt's?
Si je? – Wie geht's?

5. **Audio 8** **Hören Sie zuerst. Kombinieren Sie dann die Begrüßungen mit den Fotos.**

Mirëmëngjes! – Mirëdita! – Mirëmbrëma! – Ç'kemi?

1) ______________________

2) ______________________

3) ______________________

4) ______________________

6. **Schreiben Sie Wörter, die diese Buchstaben beinhalten.**

s: ____________________

ç: ____________________

nj: ____________________

a: ____________________

7. **Audio 9** **Hören und wiederholen Sie.**

- Mirëdita, Alban!
- Mirëdita, zonja Vera! Si jeni?
- Mirë, faleminderit!

Mirëdita! – Guten Tag!

Si jeni? – Wie geht es Ihnen?

8. **Audio 10** **Hören Sie zuerst. Kombinieren Sie dann die Begrüßungen mit den Fotos.**

Mirudëgjofshim! – Ditën e mirë! – Natën e mirë! – Mirupafshim!

1) ____________________

2) ____________________

3) ____________________

4) ____________________

9. **Schreiben Sie Wörter, die diese Buchstaben beinhalten.**

sh: ______________________
z: ______________________
j: ______________________
e: ______________________

AB: Ü. 5–7

10. **Audio 12** **Hören und wiederholen Sie.**

- Mirëdita! Unë jam Magdalena.
- Mirëdita, Magdalena! Unë jam mësuesja. Unë quhem Majlinda.
- Unë jam Karlosi. E ti? Si quhesh?
- Unë quhem Fatmira.
- Mirë se vjen, Fatmira!

Mirë se vjen! – Willkommen! (Sg.)

Si quhesh? – Wie heißt du?

11. **Kombinieren Sie.**

1) mirë se	Magdalena	**1)** *Mirë se vjen!*
2) si	Karlosi	**2)** ______________
3) unë jam	vjen	**3)** ______________
4) unë quhem	ti	**4)** ______________
5) e	quhesh	**5)** ______________

12. **Audio 13** **Kreuzen Sie die Wörter an, die Sie hören.**

☐ Mirëdita! ☐ pasaportë ☐ pasagjer
☐ aeroport ☐ Mirupafshim! ☐ informacion

13. Audio 14 Hören und wiederholen Sie.

- Mirë se vini! Si jeni?
- Mirëdita! Mirë, faleminderit!
- Unë jam mësuesja. Quhem Majlinda. Si quheni?
- Unë quhem Klara.
- Mirëdita! Unë quhem Karlos.

Mirë se vini! – Willkommen! (Pl., Sie-Form)

Si quheni? – Wie heißen Sie?

14. Kombinieren Sie.

1)	Mirë se	mësuesja	1) *Mirë se vini!*
2)	Si	Karlos	2) ______
3)	Unë jam	vini	3) ______
4)	Unë quhem	faleminderit	4) ______
5)	Mirë,	quheni	5) ______

15. Audio 15 Kreuzen Sie die Wörter an, die Sie hören.

- ☐ bagazh ☐ pasaportë ☐ taksi
- ☐ restorant ☐ valixhe ☐ informacion

AB: Ü. 8–10

16. Audio 17 Hören und wiederholen Sie.

- Prej nga vjen?
- Vij nga Italia. Jetoj në Romë.
  Ti, Karlos, je spanjoll? Ku jeton?
- Po, vij nga Spanja.
  Jam spanjoll. Jetoj në Angli.
  E ti, Fatmira?
- Mami është nga Zvicra dhe babi është nga Kosova.

Prej nga vjen? – Woher kommst du?

Ku jeton? – Wo lebst du?

17. Kombinieren Sie.

1)	Ku jeton?	Po, jam amerikan.	1)	*Ku jeton? Jetoj në Tiranë.*
2)	A je amerikan?	Vij nga Spanja.	2)	______________.
3)	Si quhesh?	Quhem Mira.	3)	______________.
4)	Prej nga vjen?	Jetoj në Tiranë.	4)	______________.

AB: Ü. 11–12

18. Audio 18 Hören und wiederholen Sie.

- Mirëdita! Unë quhem Alban. Si quheni?
- Mirëdita! Unë quhem Tom. Tom Korabi.
- Prej nga vini?
- Unë vij nga Austria.
- Jeni shqiptar?
- Po... gjyshi... Ku jetoni? Jeni shqiptar?
- Po, jam shqiptar. Jetoj në Itali.

Prej nga vini? – Woher kommen Sie?

Ku jetoni? – Wo leben Sie?

19. Kombinieren Sie.

1)	Ku jetoni?	Vij nga Gjermania.	1)	*Ku jetoni? – Jetoj në Shqipëri.*
2)	A jeni franceze?	Po, jam franceze.	2)	______________.
3)	Si quhesh?	Jetoj në Shqipëri.	3)	______________.
4)	Prej nga vini?	Quhem Ema Guri.	4)	______________.

AB: Ü. 13

20. Audio 19 Hören Sie zuerst. Kombinieren Sie dann die Wörter mit den Zahlen.

- katër
- dy
- pesë
- një
- tre

1	2	3	4	5
______	*dy*	______	______	______

AB: Ü. 14

21. Lesen Sie vor.

1) Unë quhem Edlirë.
Unë jam Edlira.

2) Unë quhem Gent.
Unë jam Genti.

3) Unë quhem Xhejms.
Unë jam Xhejmsi.

4) Unë quhem Klara.
Unë jam Klara.

22. Audio 21 Hören Sie zuerst. Kombinieren Sie dann die Wörter mit den Zahlen.

- **dhjetë**
- **tetë**
- **gjashtë**
- **nëntë**
- **shtatë**

6	7	8	9	10
______	*shtatë*	______	______	______

AB: Ü. 15–16

23. Lesen Sie vor.

1) Unë kam një lule.

2) Unë kam një libër.

3) Unë kam një mollë.

4) Unë kam një çantë.

AB: Ü. 17–18

Shënime / Notizen:

Wortschatz – Eingangslektion

Albanisch	Deutsch	Satz
a	Fragepartikel	A je shqiptar?
Angli	England	Unë jetoj në Angli.
është	(er, sie, es) ist	Babi është nga Kosova.
dhe	und	Ti dhe unë mësojmë shqip.
flas	sprechen, ich spreche	Unë flas shqip.
franceze	Französin	Unë jam franceze.
Gjermani	Deutschland	Jetoj në Gjermani.
jam	sein (Vb.), ich bin	Unë jam shqiptar.
jetoj	leben, ich lebe	Unë jetoj në Berlin.
kam	haben, ich habe	Unë kam një libër.
ku	wo?	Ku jetoni?
prej (nga...)	von (wo), woher?	Prej nga vjen?
mësoj	lernen, ich lerne	Unë mësoj shqip.
mësuese	Lehrerin	Unë jam mësuese.
në	in	Jetoj në Itali.
një	ein, eine, einen; eins	Unë kam një libër.
nga	aus	Unë jam nga Shqipëria.
po	ja	Po, jam italiane.
quhem	heiße, ich heiße	Unë quhem Edlirë.
ti	du	Ti vjen nga Italia.
si	wie?	Si quhesh?
valixhe	Koffer	Unë kam një valixhe.
vij	kommen, ich komme	Unë vij nga Kosova.
zonjë	Dame	Si jeni, zonjë?
Zvicër	Schweiz	Mami është nga Zvicra.

Shprehje:	Redewendungen:
Ç'kemi?	Was gibt's?
Ditën e mirë!	Schönen Tag noch!
Faleminderit!	Danke!
Ku jeton?	Wo lebst du?
Ku jetoni?	Wo lebt ihr? / Wo leben Sie?
Mirëdita!	Guten Tag!
Mirëmbrëma!	Guten Abend!
Mirëmëngjes!	Guten Morgen!
Mirudëgjofshim!	Auf Wiederhören!
Mirupafshim!	Auf Wiedersehen!
Mirë se vini!	Willkommen! (Pl., Sie-Form)
Mirë se vjen!	Willkommen! (Sg.)
Natën e mirë!	Gute Nacht!
Prej nga vini?	Woher kommt ihr? / Woher kommen Sie?
Prej nga vjen?	Woher kommst du?
Si je?	Wie geht's?
Si jeni?	Wie geht es euch/Ihnen?
Si quheni?	Wie heißen Sie?
Si quhesh?	Wie heißt du?
E ti?	Und du?

Shënime / Notizen:

24. **Audio 1** **Hören Sie und lesen Sie vor.**

1) Mirëdita! Mirë se vini në Shqipëri!
Ky është aeroporti "Nënë Tereza" në Rinas, Tiranë.

2)
- Tomi!
- Genti!
- Mirë se vjen, Tom! Si je?
- Oh, shumë mirë, faleminderit!
Tani unë jam në Shqipëri dhe jam shumë i lumtur!

AB: Ü. 19–20

Verb: sein – Singular		
unë jam	–	ich bin
ti je	–	du bist
ai, ajo është	–	er, sie, es ist

➔ Gr. S. 56

25. **Audio 3** **Hören Sie und lesen Sie vor.**

- Mirëdita!
- Mirëdita! Pasaportën zonjë, ju lutem!
- Po, më falni një minutë. Ja, urdhëroni!
- Ju jeni zonja Krasniqi.
- Po.
- A keni bagazh?
- Po, kam vetëm një valixhe. Ja valixhja.

- Ç'kemi? Si je?
- Mirë, faleminderit. Po ti?
- Shumë mirë, faleminderit, por kam stres.
- Një kafe? A ke kohë?
- Më vjen keq. Më fal, të lutem.
Jam vonë.
- Në rregull, mirupafshim!

Sie-Form			Du-Form		
Ju lutem!	–	Bitte! Ich bitte Sie!	Të lutem!	–	Bitte! Ich bitte dich!
Më falni	–	Entschuldigen Sie!	Më fal!	–	Entschuldige!
A keni bagazh?	–	Haben Sie Gepäck?	A ke kohë?	–	Hast du Zeit?

➔ Gr. S. 56/2/2

AB: Ü. 21–23

weiblich			männlich		
unbestimmt		**bestimmt**	**unbestimmt**		**bestimmt**
(një) zonjë (eine Dame)	–	zonj**a** (die Dame)	(një) aeroport (ein Flughafen)	–	aeroport**i** (der Flughafen)
(një) valixhe (ein Koffer)	–	valixh**ja** (der Koffer)	(një) pasagjer (ein Passagier)	–	pasagjer**i** (der Passagier)
(një) kafe (ein Kaffee)	–	kaf**eja** (der Kaffee)	(një) bagazh (ein Gepäck)	–	bagazh**i** (das Gepäck)

➔ **Gr. S. 57-58/3**

26. Ergänzen Sie die fehlenden Wörter.

bagazhi – valixhja – zonjë – zonja – valixhe – bagazh

	Unbestimmte Form	**Bestimmte Form**
1)	Kjo ______________ vjen nga Prishtina.	______________ Krasniqi është në Shqipëri.
2)	A keni ______________?	Ja ku është ______________.
3)	Kjo është një ______________.	______________ është këtu.

27. Ergänzen Sie die fehlenden Wörter.

kafeja – aeroport – kafe – aeroporti

1) Jam në ______________.

2) Ky është ______________ *Nënë Tereza.*

3) Një ______________, ju lutem!

4) Ja ______________. Urdhëroni!

AB: Ü. 24–25

28. Audio 5 Hören Sie das Gespräch. Spielen Sie Rollenspiele nach dem Muster im Text.

- ● Tom, kjo është motra, Edlira. Ky është Tomi.
- ▪ Mirëdita, Edlira!
- ○ Përshëndetje, Tom! Si jeni?
- ▪ Shumë mirë, faleminderit!
- ○ Fluturimi, mirë?
- ▪ Po, gjithçka shumë mirë, faleminderit!
- ● Edlira jeton në Tiranë dhe studion anglisht. Ajo punon si përkthyese në aeroport.
- ○ Unë flas edhe pak gjermanisht.
- ▪ Shumë bukur!
- ○ Tom, ju flisni shumë mirë shqip.
- ▪ Oh, ju lutem, me "ti"!
- ○ Në rregull! Tom, ti flet shumë mirë shqip!
- ▪ Faleminderit, Edlira!
- ● Ja, ku është makina. A jemi gati? Shkojmë? Në Tiranë arrijmë shpejt.

→ Gr. S. 56/2

AB: Ü. 26

Verb «sprechen»	Singular
	unë flas – ich spreche
	ti flet – du sprichst
	Höflichkeitsform
	ju flisni – Sie sprechen

29. Audio 6 Phonetik

1) Wo hören Sie ein stark betontes «ë»? Kreuzen Sie an.

☐ adresë	☐ një	☐ nënë
☐ në	☐ shumë mirë	☐ është
☐ Shqipëri	☐ mirëdita	☐ këtu

2) Hören Sie und sprechen Sie nach.

☞ **Achtung! «ë» wird stark, schwach oder gar nicht ausgesprochen.**

Tiranë	shkojmë	përkthyese	urdhëroni
Shqipëri	kohë	më fal	të lutem

30. Audio 7 Hören Sie das Gespräch. Spielen Sie Rollenspiele nach dem Muster im Text.

- Kush është kjo në fotografi?
- ▪ Ajo është Blerta.
- ○ Genti është i dashuruar. Gjithmonë: Blerta, Blerta, Blerta...
- ▪ Eh, dashuria! Tani Blerta nuk është në Shqipëri. Ajo është larg.
- ○ ... dhe Genti ka mall.
- Ku është ajo tani?
- ▪ Tani ajo është në Itali për specializim. Jeton në Romë.
- Ç'profesion ka Blerta?
- ▪ Blerta është mjeke.
- ○ Edhe një muaj dhe Blerta është përsëri këtu.
- ▪ Po, edhe një muaj...
Muzikë?
- Po. Muzikë shqiptare, të lutem!

kjo	–	diese	→	**ajo**	–	sie
ky	–	dieser	→	**ai**	–	er

AB: Ü. 27–31

31. Audio 8 Phonetik

Hören Sie und sprechen Sie nach.
Zeichnen Sie passende Pfeile wie im Beispiel.

Prej nga **vini**? ↗	Unë vij nga **Austria**. ↘
A vini nga Austria?	Po, unë vij nga Austria.
A flisni shqip?	Po, unë flas shqip.
Ku është ajo tani?	Tani ajo është në Itali.
Kush është kjo në fotografi?	Ajo është Blerta.
Muzikë?	Muzikë shqiptare, të lutem.

→ Gr. S. 58/4

32. Setzen Sie die fehlenden Satzzeichen ein.

1) A ke kohë

2) Më vjen keq

3) A keni bagazh

4) Në rregull, mirupafshim

5) Mirë se vini në Shqipëri

6) Si je

7) Një kafe

8) Një kafe, ju lutem

AB: Ü. 32–36

33. **Audio 9** **Hören Sie die Texte und spielen Sie Rollenspiele nach den dortigen Mustern.**

- Më falni, a jeni ju zoti Agim?
- Jo, më vjen keq. Unë nuk jam Agimi.
- Oh, më falni, ju lutem!
- Nuk ka problem! Ditën e mirë!

- Edlira, Edlira! Ç'kemi?
- Urdhëro? Unë nuk jam Edlira.
- Oh, më fal, të lutem!
- S'ka problem! Mirupafshim.

Kjo **është** Edlira. (Das ist Edlira.)

Ajo **nuk** **është** Edlira. = Ajo **s'është** Edlira. (Das ist nicht Edlira.)

→ **Gr. S. 58/4/2**

AB: Ü. 37–38

34. **Audio 10** **Hören Sie und lesen Sie vor.**

- Mirëmëngjes!
- Mirëmëngjes, shpirt!
- Kafeja është gati.
- Mmm, kafe! Faleminderit!
- ... dhe një trëndafil!
- Oh, të dua shumë!

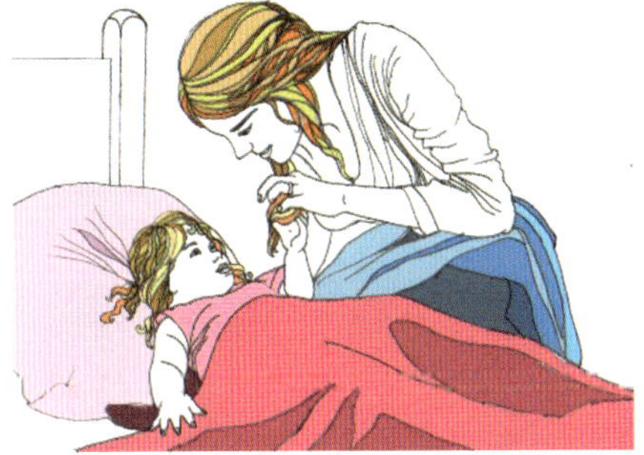

- Natën e mirë, shpirt!
- Mami, dua akullore.
- Akullore? Tani është vonë. Natën e mirë!
- Mami!
- Nesër, shpirt.
- Mirë. Natën e mirë, mami!

AB: Ü. 39

35. **Audio 11** **Hören Sie den Text und spielen Sie Rollenspiele nach dem dortigen Muster.**

- Mirëdita!
- Mirëdita zonjë! Unë quhem Marc Loyd.
  A është zonja Vera Agai aty, ju lutem?
- Mirëdita, zoti L... Më falni, ju lutem. Si quheni?
- Loyd: L - O - Y - D.
  Ah, po, zoti Loyd!
- Më vjen keq, zonja Agai nuk është sot këtu!
- Në rregull. Faleminderit! Mirudëgjofshim!
- Mirudëgjofshim, zoti Loyd!

AB: Ü. 40

36. **Audio 12** **Phonetik**

1) Was hören Sie: «q» oder «gj»?

___uhem   mirëmën___es   ___ithçka   ke___   pasa___er   Krasni___i

___ermanisht

2) Was hören Sie? Kreuzen Sie an.

☐ zonjë   ☐ më   ☐ falni   ☐ fal

☐ nuk   ☐ mjeke   ☐ muaj   ☐ një

3) Nummerieren Sie die Wörter in der Reihenfolge, in der Sie sie hören.

☐ Tereza   ☐ shpirt   ☐ sot   ☐ Zoti   ☐ zonja   ☐ si

4) Ergänzen Sie die fehlenden Buchstaben und hören Sie anschließend zur Kontrolle.

Mirëmen___es, unë ___uhem Manjola.

Zo___a Krasni___i flet sh___ip dhe ___ermanisht.

___ë falni, a je___i ju ___onja Tereza?

___pirt, edhe një ___uaj jam ___ë Tir___ë.

___ot ___onja Agai nuk ë___të në Tiranë

5) Welche Wörter hören Sie? Ergänzen Sie die Tabelle.

Q	Gj	M	N	Nj

37. **Audio 13** **Hören Sie und sprechen Sie nach.**

11	njëmbëdhjetë	16	gjashtëmbëdhjetë
12	dymbëdhjetë	17	shtatëmbëdhjetë
13	trembëdhjetë	18	tetëmbëdhjetë
14	katërmbëdhjetë	19	nëntëmbëdhjetë
15	pesëmbëdhjetë	20	njëzet

‹mbë› = mbi = über

AB: Ü. 41–43

38. **Audio 16** **Hören Sie und lesen Sie dann vor.**

Joni është pesëmbëdhjetë vjeç.

Mira është njëmbëdhjetë vjeçe.

Beni dhe Goni janë dy vjeçë.

Era dhe Besa janë njëzet vjeçe.

Meri dhe Joni janë pesëmbëdhjetë vjeçë.

➔ Gr. S. 59/5

♂	**Ai** është 15 vjeç.	♀	**Ajo** është 11 vjeç**e.**
♂♂	**Ata** janë 2 vjeç**ë**.	♀♀	**Ato** janë 20 vjeç**e**.
♂♀	**Ata** janë 15 vjeç**ë.**		

AB: Ü. 44–45

39. **Audio 17** **Hören und ergänzen Sie die fehlenden Informationen.**

Emri: Arsim
Mbiemri: Veseli
Mosha: 20 vjeç

Ai quhet ______________________.
Arsimi është ______________________.
Ai vjen nga ______________________.
Ai jeton në ______________________.
Arsimi flet shqip dhe anglisht.
Ai punon në ______________________.
Ai shkon shpesh në ______________________.

AB: Ü. 46–48

40. Lesen Sie die Visitenkarte. Ergänzen Sie die fehlenden Daten.

Xhemi Kulla

Adresa: Rruga Iliria, Nr. 175 Tiranë, Shqipëri
Tel: +355 4 265132
Cel: +355 6818704
E-Mail-i: xhemi.kulla@gmail.com

Emri: ____________________

Mbiemri: ____________________

Adresa: ____________________

Telefoni: ____________________

Celulari: ____________________

E-Mail-i: ____________________

AB: Ü. 49–50

41. Setzen Sie ein.

në **jam** **nga** **jetoj** **punoj** **quhem**

Unë ________ Besforta. Unë ________ shqiptare.
Unë vij ________ Shkupi.
Unë ________ në Prishtinë.
Unë ________ në aeroport në Prishtinë.
Unë shkoj shpesh edhe ________ Shqipëri.

42. Schreiben Sie den obigen Text in der 3. Person Singular.

Ajo quhet Besforta. ____________________

____

____

____

____

43. Schreiben Sie die Sätze richtig.

1) Unëjamedliradhevijngatirana. *Unë jam Edlira dhe vij nga Tirana.*

2) kjoështëbesfortadhevjenngashkupi. ____________________

3) aështëkyalbani? ____________________

4) tomivjenngaaustriadhefletpakshqip. ____________________

5) mirëditasijeni? ____________________

6) unëquhemarsimdhevijngaprishtina. ____________________

AB: Ü. 51–57

Wortschatz – Module 1–4

Albanisch	Deutsch	Satz
ai	er	Ai quhet Gent.
ajo	sie	Ajo është Edlira.
ata	sie (männlich, Plural)	Ata janë 3 vjeçë.
ato	sie (weiblich, Plural)	Ato studiojnë në Prishtinë.
celular	Handy	Ky është një celular.
ja	schau / schauen Sie her	Ja ku është bagazhi.
janë	(sie) sind	Ata janë në Kosovë.
ju	ihr, Sie	Ju lutem!
mall	Sehnsucht	Genti ka mall.
ne	wir	Ne mësojmë shqip.
nuk	nicht	Manjola nuk jeton (= s'jeton) në Tiranë.
pak	wenig	Unë flas pak shqip.
përkthyese	Übersetzerin, Dolmetscherin	Edlira është përkthyese.
pesëmbëdhjetë	fünfzehn	Drini është 15 vjeç.
profesion	Beruf	Ç'profesion ka ajo?
punoj	arbeiten, ich arbeite	Edlira punon në aeroport.
studioj	studieren	Klara studion shqip.
vjeç	alt (Wie alt bist du?)	Sa vjeç je?

Shprehje	Redewendungen
Alo!	Hallo? (am Telefon)
edhe pak	ein bisschen/wenig noch
Ç'profesion ka ajo?	Welchen Beruf übt sie aus?
Jam vonë.	Ich bin spät dran.
Ju lutem!	Bitte!, Bitte sehr!, Gerne! (Höflichkeitsform und 2. Person Pl.)
Më fal!	Entschuldige!
Më falni!	Entschuldigen Sie! Entschuldigt!
Më vjen keq!	Es tut mir leid!
Natën e mirë!	Gute Nacht!
Në rregull!	In Ordnung!
Nuk ka problem!	Kein Problem!
Nuk kam kohë.	Ich habe keine Zeit.
Përshëndetje!	Grüße!
Sa vjeç je? **Sa vjeçe je?**	Wie alt bist du? (männliche Form) Wie alt bist du? (weibliche Form)
S'ka përse!	Gern geschehen!
shumë bukur	sehr schön
shumë mirë	sehr gut
Të dua!	Ich liebe dich!
Të lutem!	Bitte sehr!; Bitte! (Du-Form); Gerne!
Urdhëro!	Bitte sehr! (Singular)
Urdhëroni!	Bitte sehr! (Pl. und Höflichkeitsform)

Shënime / Notizen:

44. **Audio 1** **Hören Sie das Gespräch. Spielen Sie Rollenspiele nach dem Muster im Text.**

- Celulari! Më falni një minutë! Alo?
- Po, jemi në makinë. Tani vijmë nga Rinasi. Këtu janë Edlira dhe miku austriak, Tomi.
- Tom, çfarë është kjo?
- Ky është një udhërrëfyes turistik.
- Tom, ku jemi këtu?
- Ky është me siguri sheshi i njohur "Skënderbej". Skënderbeu është heroi kombëtar shqiptar.
- Po, të lumtë! E saktë.
- Ja ku është shtëpia jonë.
- Cila është shtëpia?
- Ja, kjo këtu.
- Është shtëpi e bukur!
- Faleminderit! Është një shtëpi karakteristike tiranase.

→ Gr. S. 59/1

Adjektive mit Gelenkartikel:
i njohur (bekannt), e bukur (schön), i shpejtë (schnell)
Adjektive ohne Gelenkartikel:
turistik (touristisch), karakteristik (charakteristisch), modern (modern), shqiptar (albanisch)

45. **Unterstreichen Sie im obigen Text die Adjektive mit Gelenkartikel in Rot und die ohne in Blau.**

46. **Ergänzen Sie die Tabelle.**

Adjektive mit Gelenkartikel	**Adjektive ohne Gelenkartikel**
______________	______________
______________	______________
______________	______________
______________	______________

	Nominativ unbestimmte Form Sg.		
	männlich		**weiblich**
Adjektive mit Gelenkartikel	(një) shesh i njohur	→	(një) muzikë e njohur
	(një) shesh i bukur	→	(një) shtëpi e bukur
Adjektive ohne Gelenkartikel	(një) ushqim tradicional	→	(një) muzikë tradicionale
	(një) aeroport modern	→	(një) muzikë moderne

AB: Ü. 58–62

47. **Audio 2** **Hören Sie das Gespräch. Spielen Sie Rollenspiele.**

- Mirëdita, zonja Vera dhe zoti Fatmir!
- Mirë se vjen, bir! Urdhëro!
  Dreka është gati.
- Faleminderit, nënë!

48. **Çfarë** (was), **kush** (wer), **cili** (welcher), **cila** (welche)**? Lesen Sie vor.**

Fragepronomen (für Menschen):

Kush është kjo? Kjo është shoqja austriake.

Kush është ky? Ky është shoku austriak.

Kush është kjo zonjë? Kjo është zonja Krasniqi.

Fragepronomen (für Dinge):

Çfarë është kjo gjë? Kjo është shtëpia e bukur.

Çfarë është kjo gjë? Kjo është dritarja e hapur.

Çfarë është kjo gjë? Ky është ushqimi karakteristik tiranas.

Çfarë është kjo gjë? Ky është udhërrëfyesi turistik.

Çfarë është kjo?	=	**Çfarë është kjo gjë?**
Was ist das?		Was ist diese Sache?
kjo = diese (weiblich)		gjë = Sache (weiblich)

➔ Gr. S. 61/3

Dinge:

Cila dritare është e hapur? – Ajo atje është dritarja e hapur.

Cila është shtëpia karakteristike tiranase? – Ja, kjo këtu është shtëpia karakteristike tiranase.

Cili është sheshi i njohur? – Ky këtu është sheshi i njohur.

Cili është ushqimi tradicional tiranas? – Ai atje është ushqimi tradicional tiranas.

Nominativ, Sg.			
	Unbestimmte Form:		Bestimmte Form:
männlich	(një) shesh i njohur	→	sheshi i njohur
weiblich	(një) dritare e hapur	→	dritarja e hapur
männlich	(një) ushqim karakteristik	→	ushqimi karakteristik
weiblich	(një) shtëpi karakteristike	→	shtëpia karakteristike

→ Gr. S. 59-60/1

AB: Ü. 63

49. **Audio 3** **Hören Sie die Texte und lesen Sie diese dann vor.**

1) Mirëdita dhe mirë se vini! Ky është kursi i ri "Shqip ne Tirane".
Unë quhem Majlinda. Jam mësuesja. Unë jam shqiptare, vij nga Pogradeci dhe jetoj në Tiranë.
Unë punoj gjithashtu edhe si përkthyese dhe si udhëtreguese për turistë.
Po ju?
Si quheni? Nga vini? Ku jetoni? Faleminderit!

2) Mirëdita! Emri im është Tom Korabi. Unë vij nga Austria. Unë jam student. Studioj jurisprudencë në Austri. Jurisprudenca është studim i vështirë.
Unë jam austriak. Kam origjinë shqiptare. Unë flas gjermanisht. Kuptoj mirë shqip, por nuk flas akoma shumë mirë. Gjuha shqipe është shumë e bukur. Kultura shqiptare është magjepsëse.

3) Mirëdita! Unë quhem Klara. Unë jam italiane. Jam nga Siçilia, por studioj dhe jetoj në Romë.
Unë kam një shoqe shqiptare. Ajo quhet Elsa. Është shoqe shumë e mirë. Studiojmë bashkë arkitekturë.
Unë nuk jam e martuar, jam beqare.
Kjo është java e parë në Shqipëri. Unë jam shumë kureshtare.

4) Përshëndetje!
Unë jam Magdalena Hart-Gashi. Gashi është mbiemër shqiptar. Unë jam nga Zvicra dhe jam e martuar me një kosovar. Tani banojmë në Shqipëri. Flas frëngjisht, italisht, anglisht dhe shqip. Shpesh edhe ëndërroj në shqip.
Unë mësoj shqip me dëshirë.

5)
- • Mirëdita! A është ky kursi intensiv "Shqip në Tiranë"?
- ▪ Po. Mirëdita!
- • Oh, më falni! Ne sot jemi me vonesë. Sot trafiku është shumë i dendur.
- ▪ Nuk ka problem. Kjo është dita e parë në kurs. Urdhëroni! Mirë se vini!
- • Faleminderit!

AB: Ü. 64–69

Tregoj rreth vetes dhe të tjerëve. Përshëndetje II | Über sich und andere erzählen – Begrüßungen II | Modul 7

50. Audio 4 Wer sagt die folgenden Sätze? Hören Sie anschließend zur Kontrolle.

1) Tomi 2) Klara 3) Majlinda 4) Xhejmsi 5) Karlosi 6) Magdalena

- ☐ Vij nga Shqipëria.
- ☐ Flas italisht.
- ☐ Jam amerikan.
- ☐ Jam spanjoll.
- ☐ Jam zvicerane.
- ☐ Flas spanjisht.
- ☐ Jam austriak.
- ☐ Jam italiane.

- ☐ Vij nga Spanja.
- ☐ Jam shqiptare.
- ☐ Vij nga Austria.
- ☐ Unë nuk jam italian.
- ☐ Unë nuk jam spanjolle.
- ☐ Unë nuk jam austriake.
- ☐ Flas anglisht.
- ☐ Unë nuk jam shqiptar.

- ☐ Flas shqip.
- ☐ Vij nga Italia.
- ☐ Vij nga Amerika.
- ☐ Unë nuk jam amerikan.
- ☐ Flas gjermanisht dhe italisht.
- ☐ Flas gjermanisht.
- ☐ Unë nuk jam amerikane.
- ☐ Vij nga Zvicra.

51. Ergänzen Sie die Tabelle.

vendi	kombi	gjuha
Shqipëri – Shqipëri**a**	shqiptar – shqiptar**e**	shqip

52. **Audio 5.1 / 5.2** **Hören Sie. Was sagen diese Personen? Markieren Sie mit 1 und 2.**

Person 1

Person 2

☐ ... dhe finlandisht.
☐ Flas turqisht...
☐ Jam turke.
☐ Unë quhem Zhak.
☐ Jetoj në Rusi.
☐ ... dhe rusisht.

☐ Flas frëngjisht...
☐ Jam francez.
☐ Vij nga Franca
☐ Vij nga Turqia.
☐ Jetoj në Finlandë.
☐ Unë quhem Gylçan.

Was wissen Sie über diese zwei Personen? Erzählen Sie.

AB: Ü. 70–73

53. **Audio 8** **Ergänzen Sie die fehlenden Wörter. Hören Sie anschließend zur Kontrolle.**

1) Ai është shqiptar dhe flet shqip. Sot ai jeton në Francë dhe në Shqipëri. Ai është shkrimtar i njohur. Ai quhet ______________________.
2) Ajo është kanadeze dhe flet frëngjisht. Ajo jeton në Kanada. Ajo është këngëtare e njohur. Ajo quhet ______________________.
3) Ai është amerikan dhe ka origjinë shqiptare. Jeton në Amerikë dhe flet anglisht. Ai është aktor. Ai quhet ______________________.
4) Ajo është ruse dhe jeton në Moskë. Ajo është sportiste e njohur. Është kampione në tenis. Ajo quhet ______________________.

54. **Audio 9** **Phonetik**

1) **Welche Wörter hören Sie? Kreuzen Sie an.**

a) ☐ cila ☐ xixëllonjë ☐ Pogradec ☐ lexoj ☐ nxënës ☐ agjenci ☐ Xoxa
b) ☐ vjeç ☐ xhaketë ☐ çfarë ☐ ç'kemi ☐ xhaxha
c) ☐ flet ☐ vij ☐ fal ☐ faleminderit ☐ javë ☐ trafik

2) **Ergänzen Sie die fehlenden Buchstaben und hören Sie anschließend zur Kontrolle.**

xh apo gj?	ithçka	vali__e	__aketë	__ermanisht	__a__a
ç apo q?	__'kemi	__uhem	__farë	sh__ip	__okollatë

3) **Lösen Sie die Aufgabe. Anschließend hören Sie zur Kontrolle.**

Ksj<u>çfarë</u>bztenxënësmajpjaëksdjtrafikpqjecilandknlexojbeudivështirëlakjenvonesësndkxixëllonjë

4) **Hören Sie und sprechen Sie nach.**

a) Cili nxënës flet shqip dhe gjermanisht?
b) Sa vjeç është xhaxhai?
c) Karlosi dhe Xhejmsi vijnë me vonesë.

Tregoj rreth vetes dhe të tjerëve. Përshëndetje II — Über sich und andere erzählen – Begrüßungen II — Modul 8

55. Der Plural der Substantive

	Singular	Plural	
♀	(një) çantë	(disa) çanta	ë → -a
♀	(një) dritare	(disa) dritare	e → --
♀	(një) shtëpi	(disa) shtëpi	e → --
♂	(një) shok	(disa) shokë	bashkëtingëllore → -ë
♂	(një) aeroport	(disa) aeroporte	bashkëtingëllore → -e

Achtung!
Der Plural der Substantive weist im Albanischen verschiedene Formen und viele Ausnahmen von den Regeln auf. Wir empfehlen, die Formen im Plural mit denen im Singular gleichzeitig zu lernen.

→ Gr. S. 61/5

56. Lesen Sie vor.

1) Ja ku është një çantë. Ja ku janë disa çanta.
2) Ja ku është një gomë. Ja ku janë disa goma.
3) Ja ku është një lule. Ja ku janë disa lule.
4) Ja ku është një dritare. Ja ku janë disa dritare.
5) Ja ku është një shtëpi. Ja ku janë disa shtëpi.
6) Ja ku është një kuti. Ja ku janë disa kuti.
7) Ja ku është një stilograf. Ja ku janë disa stilografë.
8) Ja ku është një flamur. Ja ku janë disa flamurë.

57. Einige Ausnahmen von den Regeln. Lernen Sie diese auswendig.

1) një laps – disa lapsa
2) një stol – disa stola
3) një stilolaps – disa stilolapsa
4) një pemë – disa pemë
5) një këngë – disa këngë
6) një mollë – disa mollë
7) një bagazh – disa bagazhe

58. Einige unregelmäßige Formen. Lernen Sie diese auswendig.

1) një zog – disa zogj
2) një treg – disa tregje
3) një mik – disa miq

59. Schreiben Sie Sätze mit treg – tregje, zog – zogj, laps – lapsa.

AB: Ü. 74

60. Audio 10 Hören Sie und sprechen Sie nach.

20	*njëzet*	**30**	tridhjetë	**100**	njëqind	**1.000.000**	një milion
21	njëzet e një	**40**	*dyzet*	**200**	dyqind	**2.000.000**	dy milion
22	njëzet e dy	**50**	pesëdhjetë	**300**	treqind		
23	njëzet e tre	**60**	gjashtëdhjetë	**400**	*katërqind*		
24	njëzet e katër	**70**	shtatëdhjetë	**500**	pesëqind		
25	njëzet e pesë	**80**	tetëdhjetë	**600**	gjashtëqind		
26	njëzet e gjashtë	**90**	nëntëdhjetë	**700**	shtatëqind		
27	njëzet e shtatë			**800**	tetëqind		
28	njëzet e tetë			**900**	nëntëqind		
29	njëzet e nëntë			**1.000**	një mijë		
				2.000	dy mijë		

61. Audio 11 Schreiben Sie die Telefonnummern hin, die Sie hören.

1) ______________ 2) ______________ 3) ______________

62. Adjektive im Plural

	Nominativ Unbest. Form Singular	**Nominativ Unbest. Form Plural**
männlich	(një) aktor ***i*** *njohur*	(disa) aktorë ***të*** *njohur*
weiblich	(një) këngëtare ***e*** *njohur*	(disa) këngëtare ***të*** *njohura*
männlich	(një) telefon *modern*	(disa) telefonë *modernë*
weiblich	(një) shkollë *moderne*	(disa) shkolla moderne

➔ Gr. S. 61/6

63. Lesen Sie vor.

1) Ky është një stilograf i verdhë. Këta janë disa stilografë të verdhë.
2) Ky është një aktor i njohur. Këta janë disa aktorë të njohur.
3) Kjo është një lule e bukur. Këto janë disa lule të bukura.
4) Kjo është një këngë e njohur. Këto janë disa këngë të njohura.
5) Ky është një poltron arkaik. Këta janë disa poltronë arkaikë.
6) Ky është një mik shqiptar. Këta janë disa miq shqiptarë.
7) Kjo është një çantë moderne. Këto janë disa çanta moderne.
8) Kjo është një shoqe shqiptare. Këto janë disa shoqe shqiptare.

Singular		Plural
ky (dieser)	→	**këta** (diese – männlich)
kjo (diese)	→	**këto** (diese – weiblich)

AB: Ü. 75–81

Shënime / Notizen:

Wortschatz – Module 5–8

Albanisch	Deutsch	Satz
atje	dort	Ai atje është Xhejmsi.
austriak	Österreicher, österreichisch	Tomi është austriak.
banoj	wohnen	Majlinda banon në Tiranë.
beqar,e	ledig, Single	Klara është beqare.
cila	welche	Cila është Majlinda?
cili	welcher	Cili është Genti?
hapur (i,e)	offen	Dritarja është e hapur.
këtu	hier	Kjo këtu është shtëpia.
kryeqytet	Hauptstadt	Kryeqyteti i Kosovës është Prishtina.
madh (i)	groß (m. sg.)	Ky është një libër i madh.
madhe (e)	groß (f. sg.)	Kjo është një çantë e madhe.
magjepsëse	bezaubernd	Gjuha shqipe është magjepsëse.
makinë	Auto	Makina është këtu.
martuar (i,e)	verheiratet	Magdalena është e martuar.
me	mit	Unë shkruaj me laps.
me dëshirë	gerne	Unë mësoj shqip me dëshirë.
mëdha (të)	groß (f. pl.)	Tirana dhe Prishtina janë qytete të mëdha.
mëdhenj (të)	groß (m. pl.)	Këta libra janë të mëdhenj.
origjinë	Herkunft, Ursprung	Tomi ka origjinë shqiptare.
re (e)	neu, jung (f. sg.)	Kjo është një çantë e re.
reja (të)	neu, jung (f. pl.)	Këto janë çanta të reja.
ri (i)	neu, jung	Ky është një libër i ri.
rinj (të)	neu, jung (m. pl.)	Këta janë libra të rinj.
shesh	Platz	Ky është një shesh i njohur.
shok	Freund	Tomi është shok i mirë.
shoqe	Freundin	Klara është shoqe e mirë.
shpejtë (i,e)	schnell	Makina është e shpejtë.
shtëpi	Haus	Kjo është një shtëpi tiranase.
sot	heute	Sot jam në Prishtinë.
trafik	Verkehr	Sot ka shumë trafik në Tiranë.
turist, e	Tourist	Ka shumë turistë në Shqipëri.
ushqim	Nahrung	Ky është një ushqim tradicional shqiptar.
vogël (i,e)	klein (sg. m. f.)	Ky është një laps i vogël.
vogla (të)	klein (f. pl.)	Këto janë shtëpi të vogla.

Shprehje	Redewendungen
Alo!	Hallo? (am Telefon) vgl 1–4
Çfarë është kjo?	Was ist das?
Emri im është...	Mein Name ist...
gjuha shqipe	die albanische Sprache
jam me vonesë	ich bin spät dran
me dëshirë	gerne
me siguri	sicherlich
Përshëndetje!	Hallo! Gruß!
shoqe shumë e mirë	eine sehr gute Freundin
Të lumtë!	Bravo!
udhërrëfyes turistik	Reiseführer (Information)

Shënime / Notizen:

64. Audio 1 Hören Sie den Text. Spielen Sie Rollenspiele.

- Tomi, kjo është dhoma jote. Këtu ke disa cd me muzikë shqiptare.
  Hm, ku janë cd -të? Ah po! Cd-të janë këtu.
  Edlira, ku janë librat shqip për të huaj, të lutem?
- Librat gjenden në raft. Batanijet dhe jorganët gjenden poshtë në raft. Perdet e reja ndodhen në sirtar.
- Bukur! Kjo është një dhomë e rehatshme. Faleminderit!

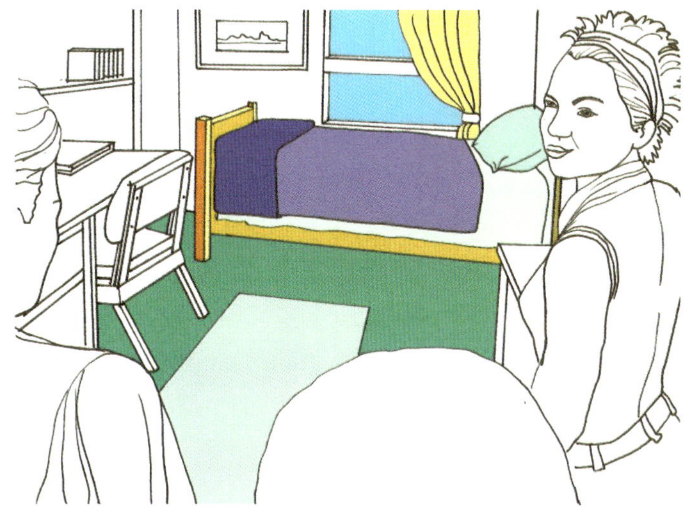

	Unbestimmte Form		Bestimmte Form
männlich	disa libra	→	librat
weiblich	disa perde	→	perdet

→ Gr. S. 62/1

AB: Ü. 82–83

	Unbestimmte Form		Bestimmte Form
männlich	disa libra **të** rinj	→	librat **e** rinj
weiblich	disa perde **të** reja	→	perdet **e** reja

AB: Ü. 84–85

65. Ergänzen Sie «të» oder «e»:

1) Në raft gjenden disa libra __ rinj. → Librat __ rinj gjenden në raft.
2) Në raft gjenden disa jorganë __ mëdhenj. → Jorganët __ mëdhenj gjenden në raft.
3) Në sirtar gjenden disa perde __ reja. → Perdet __ reja gjenden në sirtar
4) Në sirtar gjenden disa *cd* __ reja. → *Cd*-të __ reja gjenden në sirtar.

	Unbestimmte Form		Bestimmte Form
männlich	disa libra **interesantë**	→	librat **interesantë**
weiblich	disa *cd* **fantastike**	→	*cd*-të **fantastike**

→ Gr. S. 62/1

66. Ergänzen Sie die fehlenden Wörter.

1) Këta janë disa **libra interesantë.**
Librat ____________________ janë mbi tryezë**.**

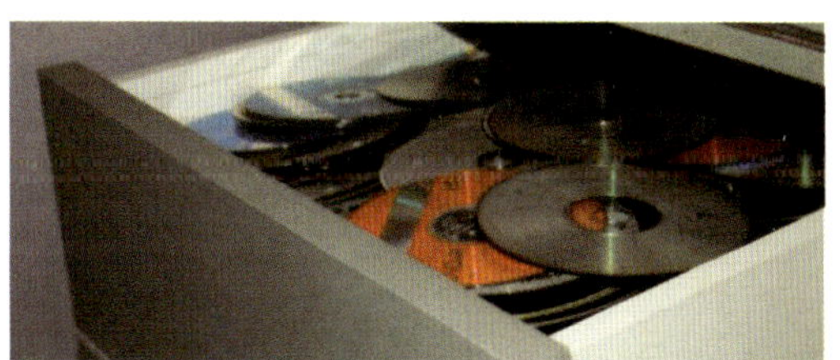

2) Këto janë disa ***cd* fantastike.**
***Cd*-të** ____________________ janë në sirtar.

3) Këta janë disa **studentë dembelë.**
Studentët ____________________ janë në shtëpi.

AB: Ü. 86

Familja dhe farefisi. Koha e lirë dhe hobi | Familie und Verwandte. Freizeit und Hobby | Modul 10

67. Audio 2 Hören Sie. Welches Bild passt zu welchem Text?

1)
- Unë kam disa dhurata nga Austria.
  Këtu kam një dhuratë për Gentin.
- Ismail Kadare në gjuhën gjermane! Faleminderit, Tom.

2)
- Kjo është për Edlirën.
- Një disk me muzikë jazz! Faleminderit, Tom!

3)
- Edhe për prindërit kam diçka.
  Këtu kam një paketë me çokollata
  dhe një album për fotografi.
- Kjo është një dhuratë e bukur!
  Pasnesër prindërit festojnë 30 vjet martesë.

4)
- Tom, edhe ne kemi një surprizë.
- Dy albume me pamje nga Shqipëria.
  "Mirë se erdhe në Tiranë!
  Për Tomin! Nga Edlira dhe Genti"
  Shumë faleminderit! Unë kam tani dy albume fantastike!

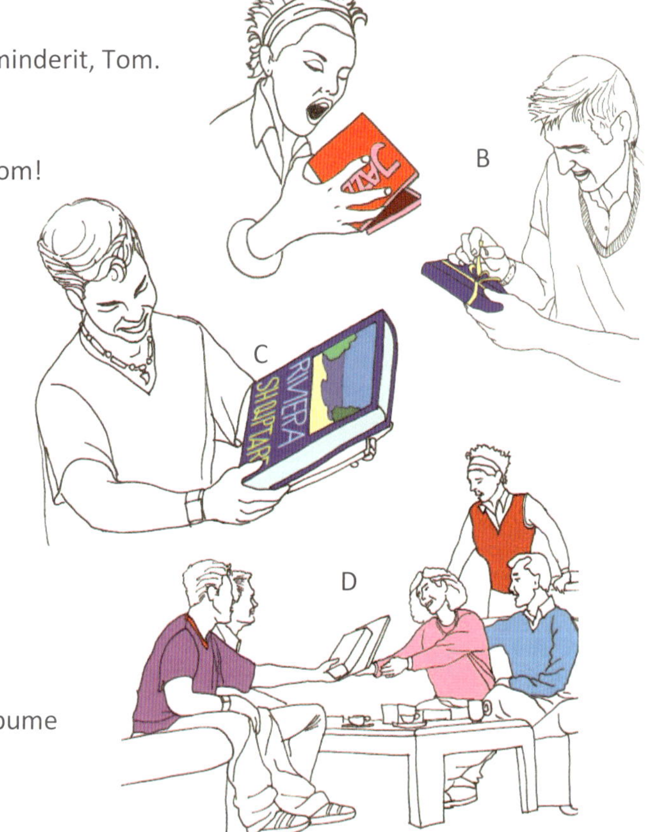

Unbestimmte Form		
Nominativ		**Akkusativ**
Kjo është një **dhuratë**.	→	Kam një **dhuratë.**
Ky është një **album.**	→	Kam një **album.**
Këto janë disa **dhurata.**	→	Kam disa **dhurata.**
In der unbestimmten Form sind die Nominativ- und Akkusativformen gleich. Das ist also anders als in der männlichen Form Sg. im Deutschen.		

→ Gr. S. 62/2

AB: Ü. 87–89

68. Audio 3 Hören Sie den Dialog und spielen Sie ihn zu zweit nach.

- Alo, Tom?
- Përshëndetje, Genti! Ç'kemi?
- A ke kohë për një kafe?
- Me kënaqësi, por tani jam në kurs.
- Shumë mirë! Unë në orën 11 shkoj me shokët dhe shoqet te kafeneja "Studenti". A vjen edhe ti?
- Ah, po, kafeneja "Studenti" ndodhet këtu afër, në rrugën "Nënë Tereza".
- Po.
- Unë vij atje në orën 11:10. Në rregull?
- Po, në rregull, Tom! Mirupafshim më vonë!
- Faleminderit për telefonatën. Mirupafshim më vonë!
- Tom, ne po fillojmë mësimin.
- Ja, po vij edhe unë.

→ Gr. S. 63

	Akkusativ				
	Unbestimmte Form Sg.		**Bestimmte Form Sg.**		
männlich	një **mësim**	→	mësimin	→	+ (i)n
weiblich	një **orë**	→	orën	→	+ n
	Unbestimmte Form Pl.		**Bestimmte Form Pl.**		
männlich	disa **shokë**	→	shokët	→	+ t
weiblich	disa shoqe	→	shoqet	→	+ t

69. Lesen Sie die Dialoge vor.

1)
- Alo? Ku je tani?
- Jam **në rrugë**.
- Jam ***në rrugën "Prishtina"***.

2)
- Alban, ku janë dosjet?
- Dosjet janë **në raft**.
- Ato janë ***në raftin e ri***.

Unbestimmte Form		**Bestimmte Form Sg.**
Jam në **rrugë.**	→	Jam në rrugën "Prishtina".
Librat gjenden në **raft.**	→	Librat gjenden në raftin e ri.

→ Gr. S. 63

AB: Ü. 90–94

70. **Audio 4** **Hören Sie das Gespräch.**

3

Babai:	Këta janë nipi im dhe mbesa ime. Mimoza dhe Ermali janë binjakë.
Mimoza:	Po, ne jemi 25 vjeçë.
Babai:	Mbesa është e fejuar kurse nipi është akoma beqar.
Ermali:	Daja im thotë gjithnjë. "Deri kur beqar, bir, vitet kalojnë!"

2

Genti:	Babai im ka një vëlla dhe dy motra. Ky është xhaxhai im.
Xhaxhai:	Mirëdita!
Genti:	Këto janë hallë Ana dhe hallë Mira.
Halla:	Mirësevjen, bir!
Tomi:	Mirëdita, gëzohem!

1

Tomi:	Mirëdita! Gëzuar përvjetorin!
Nëna:	Mirë se vjen, Tom! Faleminderit për lulet!
Genti:	Ky është Tomi, miku im nga Austria. Ne jemi një familje e madhe. Kjo është gjyshja ime, gjyshe Zana.
Gjyshja:	Mirëdita, bir! Mirë se vjen!
Genti:	Ky është gjyshi im, gjysh Agimi.

Edlira: Nëna jonë ka tre vëllezër dhe një motër. Kjo është teze Drita. Tezja ka dy fëmijë. Ata jetojnë në Shqipëri.

Tezja: Po, vajza jeton në Shkodër dhe djali në Tiranë. Kam një nip dhe një mbesë. Kjo është mbesa ime, Esmeralda.

5

Edlira: Tani, Tom, me siguri je konfuz.

Tomi: Mm... jo shumë... po provoj diçka:
Atëherë: Genti dhe Edlira, zonjë Zana është gjyshja juaj.
Zoti Agim është gjyshi juaj.

Nëna: Po, e saktë!

Tomi: Këto janë dy hallat. Zoti Fatmir është vëllai i tyre. Ermali është nipi i tij.
Ndërsa këta janë daja dhe tezja.
Zonja Vera është motra e tyre.
Esmeralda është mbesa e saj.

6

Edlira: Po, të lumtë!

Tomi: Mm... Ermal, kjo është motra jote.
Mimoza, ky është vëllai yt.

Mimoza: Po, e saktë! Ti je shumë i zoti!

Tomi Pastaj...

AB: Ü. 95–99

71. Setzen Sie die fehlenden Wörter ein.

e zonja
student
përkthyese
pensioniste
i zgjuar
e lumtur

1) Kjo është motra **ime**.

Ajo është ______________.

Ajo është e ______________.

2) Kjo është halla **ime**.

Ajo është ______________.

Ajo është ______________.

3) Ky është nipi **im**, Ermali.

Ai është ______________.

Ai është ______________.

72. Audio 6 Hören Sie und schreiben Sie anschließend die Sätze in der 3. Person Sg. auf.

i shkathët, e zonja, i zoti, e dashur, i rreptë, parukjere, përtac, gazetar, e bukur, e përpiktë, mjeke, elekricist, e tij, i saj, i tij, e saj

1) Ai: Nëna **e tij** është **mjeke**. Ajo është shumë **e përpiktë** dhe **e dashur**. Ajo është ______________.

Ajo është e ______________.

2) Ai: Baba ______________ është ______________. Ai është shumë ______________ dhe nganjëherë ______________.

3) Ajo: Kunata ______________ është ______________. Ajo është ______________ dhe ______________.

4) Ajo: Kunati ______________ është ______________. Ai është ______________ dhe nganjëherë ______________.

73. Audio 7 Phonetik

1) Formulieren Sie zuerst ganze Wörter und setzen Sie diese anschließend ein. Hören Sie zur Kontrolle.

përk- **gjith-** **shka-** **një-** **-ashtu** **-thët** **-zet** **-thyese**

a) Edlira është ______________.

b) Motra ime është e ______________.

c) Ai është ______________ vjeç.

d) Unë flas ______________ italisht.

2) Was hören Sie: «sh» oder «zh»?

ë____të – baga____ – ____oh – vë____tirë – ____urmë – ____umë

AB: Ü. 100–104

74. Audio 10 Hören Sie den Text und lesen Sie ihn dann vor.

Këta janë prindërit e mi. Ata jetojnë në Prishtinë. Motra dhe vëllai im jetojnë gjithashtu në Prishtinë.

Motra është e martuar. Ajo ka katër fëmijë, dy vajza dhe dy djem.

Dy vajzat e saja janë njëmbëdhjetë vjeçe dhe tetë vjeçe.

Dy djemtë e saj janë pesë dhe dy vjeçë.

Mbesat e mia janë nxënëse të mira dhe të zellshme. Nipat e mi shkojnë në çerdhe dhe në kopsht.

Po ti, ku e ke familjen?

Ku jetojnë prindërit e tu? Ku banojnë dy motrat e tua?

Ti nuk ke vëllezër, apo jo?

➔ Gr. S. 64-65/5

Possessivpronomen mit Nomen im Plural		
männlich		**weiblich**
nipat **e mi**	→	mbesat **e mia**
prindërit **e tu**	→	motrat **e tua**
djemtë **e saj**	→	vajzat **e saja**
djemtë **e tij**	→	vajzat **e tija**

Possessivpronomen mit Gelenkartikel werden wie reguläre Adjektive mit Gelenkartikel dekliniert. Im Plural wird ein "a" angehängt, wenn das Substantiv weiblich ist, z.B.:
motrat e re**ja** – motrat e ti**ja**
vëllezërit e rinj – vëllezërit e tij
In der Umgangssprache wird das "a" oft ausgelassen.

75. Audio 11 Phonetik

1) Hören Sie und sprechen Sie nach.

vëlla – vëllezër djalë – djem baba – baballarë

2) Hören Sie und sprechen Sie nach.

motër – motra – motrat
libër – libra – librat
letër – letra – letrat

➔ Gr. S. 65/6, 7

AB: Ü. 105–113

Wortschatz – Module 9–12

Albanisch	Deutsch	Satz
album	Album	Unë kam një album.
baba	Papa	Babai im punon shumë.
bëj	machen	Ajo bën sport.
binjakë	Zwillinge	Ana dhe Miri janë binjakë.
dajë	Onkel (mütterlicherseits)	Daja im është sportist.
dhuratë	Geschenk	Këtu kam një dhuratë.
disk	Scheibe, Platte	Ja një disk me muzikë.
familje	Familie	Unë kam një familje të madhe.
filloj	beginnen	Festa fillon në orën 20.
ndodhet	befindet sich	Albumi ndodhet në raft.
gjysh, gjyshe	Großvater, Großmutter	Gjyshi dhe gjyshja shëtisin në park.
hallë	Tante (väterlicherseits)	Halla ime jeton në Amerikë.
jorgan	Steppdecke	Jorgani është në dollap.
juaj	euer, Ihr	Shtëpia juaj është e bukur.
kinema	Kino	Unë shkoj me Mirën në kinema.
mbesë	Nichte	Mbesa ime është 9 vjeçe.
teze	Tante (mütterlicherseits)	Tezja ime luan shah.
tij (i,e)	sein, seine	Motra e tij është përkthyese.
tryezë	Tisch	Macja është nën tryezë.
tyre (i,e)	ihr/e (pl.)	Nëna e tyre është në pension.
xhaxha	Onkel (väterlicherseits)	Xhaxhai im ka një vajzë e një djalë.

Shprehje	**Redewendungen**
apo jo?	Nicht wahr?
bëj çat = çatoj	chatten
bëj vrap = vrapoj	laufen
deri kur	Bis wann?
deri në orën 11	bis 11 Uhr
Gëzohem!	Ich freue mich!
Gëzuar!	Prost!
me kënaqësi	Gerne!
merrem me sport	Sport betreiben
Mirupafshim më vonë!	Bis später!
ndodhet këtu afër	etw./jd. befindet sich hier in der Nähe
në gjuhën gjermane	auf Deutsch
shoh televizor	fernsehen
shqip për të huaj	Albanisch als Fremdsprache

Shënime / Notizen:

76. **Audio 1** **Hören Sie das Gespräch.**

- Ç'kemi, Tom? Çfarë po bën?
- Po gatuaj për kolegët. Nesër flasim në kurs për kuzhinën dhe ushqimet. Secili student mund të tregojë për një ushqim tipik nga vendlindja. Pastaj dëshirojmë të shkojmë te tregu në qendër.
- Ide e mirë! Ti po gatuan kotëletën vjeneze?
- Po, është gati tashmë. Në këtë pjatë ka disa kotëleta edhe për familjen.
- Faleminderit, Tom! Hm, erë e mirë! Kotëleta është shumë e shijshme. Ti gatuan shumë mirë!

- Uh, është e lodhshme! Tani këtu është gjithçka lëmsh! Duhet të sistemoj dhe të pastroj.
- A ke nevojë për ndihmë?
- Po, të lutem, kështu mund të përfundojmë më shpejt.
- Hej, ç'kemi? Ju të dy në kuzhinë? Sa djem punëtorë!
- Tomi ka dëshirë të prezantojë nesër në kurs një ushqim tipik nga Austria. Tani duhet të sistemojmë dhe të pastrojmë kuzhinën.
- Kotëleta vjeneze është gati. Dëshiron të provosh?
- Jo, faleminderit. Unë tani dua të bëj sport. Ja, shoqet e mia janë këtu. Unë duhet të shpejtoj.
- Ok, Edlira, mirupafshim më vonë!
- Mirupafshim! Ah, Tomi, shumë e bukur përparësja!
- Hm, po, me lule... është përparësja e gjyshe Zanës.

Modalverben + Verben der 1. Konjugation		
unë	duhet/mund **të bëj**	ich muss/kann machen
Ti	duhet/mund **të bësh**	du musst/kannst machen
Ai/ajo	duhet/mund **të bëjë**	er/sie muss/kann machen

AB: Ü. 114–120

➔ **Gr. S. 66/1**

77. **Was glauben Sie, was bringen die anderen StudentInnen mit? Und die Lehrerin?**

pica – kek me çokollatë – hamburger me salcë picante – fërgesë tirane – tapas – kimë

1) Klara sjell ______________________.
2) Karlosi sjell ______________________.
3) Magdalena sjell ______________________.
4) Xhejmsi sjell ______________________.
5) Majlinda sjell ______________________.

AB: Ü. 121

78. **Audio 3** **Enët e kuzhinës – das Geschirr. Hören Sie und ordnen Sie zu. Arbeiten Sie mit dem Wörterbuch.**

thi-	gë	1)	*thikë*
go-	run	2)	
fil-	xhere	3)	
lu-	kë	4)	
pi-	të	5)	
pja-	të	6)	
ten-	xhan	7)	
ka-	pak	8)	
tas	-	9)	
ku	ka	10)	
ga-	tuke	11)	
taba-	llore	12)	
shi-	re	13)	
bro-	she	14)	
take-	ruzhdë	15)	
fëlte-	kë	16)	

79. **Audio 4** **Hören Sie und ordnen Sie zu. Arbeiten Sie mit dem Wörterbuch.**

enë-	nak	1)	*enëlarëse*
mikro-	tar	2)	
fri-	së	3)	
furrë elek-	gaz	4)	
ba-	trike	5)	
furrë me	korrent	6)	
fshe-	kur	7)	
sir-	valë	8)	
fshesë me	larëse	9)	
he-	gorifer	10)	

80. **Audio 5** **Në treg – Auf dem Markt**

Ky është tregu për fruta, perime, bulmet, mish, peshk dhe lule.

Për studentët është hera e parë këtu. Ata bëjnë një listë me ushqimet tipike shqiptare. Klara dhe Karlosi janë te ndarja për fruta dhe perime. Tomi dhe Magdalena janë te ndarja për bulmet. Më tej ndodhet ndarja për peshk dhe mish e nga ana tjetër gjenden lulet.

Xhejmsi sheh një *fast food*. Ai dhe Majlinda shkojnë atje dhe mbledhin fjalë të reja. Klara dhe të tjerët kanë uri.

Ata shkojnë në *fast food*.

81. Lesen Sie den Dialog vor.

- Këtu gatuajnë gjithmonë mirë. Sufllaqet janë një ushqim i shpejtë dhe i mirë. Unë dëshiroj të ha një.
- A dëshiron të blej një për ty?
- Po, të lutem, një për mua dhe një për Magdalenën.
- Magdalena është vegjetariane. Për atë mund të blej byrekë me gjizë.
- Po ju, a keni uri? A mund të sjell edhe tri cope për ju?
- Po, të lutem, faleminderit! Për ne hamburger pa majonezë, të lutem.
- Sa copë dëshironi?
- Tre hamburger, ju lutem.
- Unë dëshiroj atë atje dhe një nga këto pije.
- Po, edhe dy byrekë me gjizë dhe tri arançata, një ujë mineral dhe një koka-kola, ju lutem.
- Urdhëroni! Ja edhe tri arançata, një ujë dhe një koka-kola.
- Për mua, ju lutem, pesë qebapë me bukë.
- Karlosi ka gjithmonë uri.
- Sa kushtojnë të gjitha?
- Të gjitha kushtojnë 1600 lekë.

Nominativ		Akkusativ	
unë	ich	mua	mich
ti	du	ty	dich
ai, ajo	er, sie, es	atë	ihn, sie, es
ne	wir	ne	uns
ju	ihr/Sie	ju	euch/Sie
ata	sie männl.	ata	sie männl.
ato	sie weibl.	ato	sie weibl.

Ein Zahlwort – zwei Genera:

männl.: **tre** hamburger, **tre** djem...

weibl.: **tri** arançata, **tri** vajza...

➔ Gr. S. 67/2

AB: Ü. 122-24

82. **Audio 6** **Hören Sie und ordnen Sie zu. Arbeiten Sie mit dem Wörterbuch.**

1) Klara und Karlos sind in der Abteilung für Obst und Gemüse. Hier ist ihre Einkaufsliste.

mo-	pë	**1)**	*mollë*
rrush-	-	**2)**	
kum-	kall	**3)**	
porto-	bull	**4)**	
bos-	tan	**5)**	
pje-	për	**6)**	
spi-	xhan	**7)**	
la-	te	**8)**	
sa	kër	**9)**	
patëll-	naq	**10)**	
pata-	llë	**11)**	
qe-	llatë	**12)**	

2) Tom und Magdalena sind in der Abteilung für Milchprodukte und anderes. Hier ist die Einkaufsliste.

salcë	-	**1)**	*salcë kosi*
kos	kosi	**2)**	
dja-	zë	**3)**	
qu-	rona	**4)**	
oriz	mësht	**5)**	
maka-	-	**6)**	
kri-	thë	**7)**	
gji-	pë	**8)**	

3) Majlinda und Xhejms stehen beim *fast food*. Hier ist ihre Einkaufsliste.

pije	llaqe	**1)**	*pije freskuese*
suf-	burger	**2)**	
ham-	freskuese	**3)**	
aran-	te	**4)**	
pi-	bapë	**5)**	
qe-	te	**6)**	
by-	çatë	**7)**	
pata-	rekë	**8)**	

AB: Ü. 125–130

83. Në një dyqan rrobash – In einem Kleidergeschäft

- Çfarë dëshiron të blesh për Gentin?
- Një këmishë dhe një disk me muzikë, ose një libër.
- Mirëdita! Çfarë urdhëroni? Keni nevojë për ndihmë?
- Mirëdita! Unë dëshiroj të blej një dhuratë për vëllanë. Ai ka ditëlindjen.
- Ndoshta këtë këmishën e gjelbër me numër 42.
- Po. Ja, këtu kemi koleksionin e ri.
- Këto janë shumë elegante. Genti preferon stilin sportiv.
- Shiko këtë këmishën sportive.
- Po, është e bukur dhe moderne, por është e trashë dhe tani bën shumë vapë.

84. Audio 10 Hören Sie den Text und spielen Sie Rollenspiele.

- Shiko këtë fustanin e kuq. Sa i bukur!
- Shpresoj, jo për Gentin, apo jo?
- Ha-ha! Jo, jo, Tom, për mua.
  Çmimi është i mirë, ka ulje 25%.
  Është masa ime, numri 36. Po paguaj dhe shkojmë.
- Pa provë?
- Jo, s'ka nevojë. Tani nuk kemi kohë.
  Në këtë dyqan kthimi është i mundshëm deri në dy javë.
  Po marr edhe këtë kapelën e bardhë me pika.

	Bestimmte Form, Sg.	
	Nominativ	**Akkusativ**
männlich	koleksioni **i ri**	koleksionin **e ri**
weiblich	këmisha **e gjelbër**	këmishën **e gjelbër**
männlich	stili **sportiv**	stilin **sportiv**
weiblich	këmisha **sportive**	këmishën **sportive**

→ Gr. S. 68/3, 4

AB: Ü. 131–132

85. **Audio 11** **Hören Sie. Schreiben Sie die Übersetzung dazu. Arbeiten Sie mit dem Wörterbuch.**

kapelë ____________________

fund ____________________

fustan ____________________

triko ____________________

pantallona xhins ____________________

kravatë ____________________

xhaketë ____________________

kostum ____________________

pallto ____________________

pardesy ____________________

këmishë ____________________

rrip ____________________

shall me vija ____________________

bluzë me ngjyra ____________________

bluzë me pika ____________________

këmishë me kuadrate ____________________

pardesy me pulla ____________________

xhup me zinxhir ____________________

një palë këpucë ____________________

një palë pantallona ____________________

një palë doreza ____________________

një palë çizme ____________________

një palë këpucë me taka ____________________

një palë çorape ____________________

një palë gete ____________________

një palë sandale ____________________

	Unbestimmte Form Sg.	
	Nominativ	**Akkusativ**
männlich	një koleksion **i ri**	një koleksion **të ri**
weiblich	një këmishë **e gjelbër**	një këmishë **të gjelbër**
männlich	një koleksion **sportiv**	një koleksion **sportiv**
weiblich	një këmishë **sportive**	një këmishë **sportive**

➔ Gr. S. 68/3, 4

Ky është **një shall i kuq**. Unë shoh **një shall të kuq**.

Kjo është **një këmishë e gjelbër**. Unë blej **një këmishë të gjelbër**.

Këto janë **pantallona moderne**. Ata blejnë **pantallona moderne**.

AB: Ü. 133–134

Ushqime dhe veshje | Kleidung und Essen. Einkaufen | Modul 16

86. Audio 12 Hören Sie den Text und spielen Sie Rollenspiele.

- Për festën surprizë duhet të blejmë edhe dy buqeta me lule të freskëta.
- Shkojmë në treg. Atje ka lule të freskëta dhe të bukura.
- Po, shumë mirë, tregu nuk është shumë larg.
- Po shkojmë më këmbë. Nuk kemi nevojë për makinë.
  Urdhëroni zonjushë. Cilat lule preferoni?
- Ajo buqeta me lule të vogla të kuqe dhe të verdha është shumë e bukur. Sa kushton?
- Vetëm 200 Lekë.
- Shumë mirë. Këtë po e marr patjetër. Faleminderit!
- A marrim edhe një vazo me lule?
- Po, një vazo të madhe. Në sallon ka mjaft vend lirshëm.
- Te pastiçeria franceze në qendër marrim tortën dykatëshe.

AB: Ü. 135–137

87. Audio 14 Phonetik

1) Was hören Sie: p oder b?

li__rari   __jeshkë   __referoj   __ukë

__unoj   __lej   __ulmet   __eshk

2) Was hören Sie: t oder d?

__ëshiroj   __ani   __or__ë   __itëlin__je   mo__ër

__ë   mir__i__a   __y   __yqan   __iranë

3) Was hören Sie: k oder g?

__ushton   __atuaj   mi__   __ëmishë   hambur__er

byre__   fres__uese   për__atit   __ati   __ën__ë

4) **Was hören Sie: h oder j?**

__a __a bë__ du__et p__atë qu__et

88. Was sehen Sie auf dem Bild? Schreiben Sie ganze Sätze ins Heft.

AB: Ü. 138

Wortschatz – Module 13–16

Albanisch	Deutsch	Satz
arançatë	Orangeade	Majlinda pi arançatë.
blej	kaufen	Edlira dhe Tomi blejnë lule.
çmim	Preis	Ky fustan ka çmim të ulët.
copë	Stück	Sa copë dëshironi?
dëshiroj	wünschen, wollen	Genti dëshiron të festojë ditëlindjen.
duhet	müssen	Sot unë duhet të bëj pazarin.
dyqan	Geschäft	Në këtë dyqan ka ulje çmimi.
frigorifer	Kühlschrank	Në frigorifer ka fruta dhe perime.
ha	essen	Fëmijët hanë mollë dhe banane.
kapelë	Hut	Sot blej një kapelë moderne.
kotëletë	Kotelett, Schnitzel	Kotëleta është e shijshme.
lëng portokalli	Orangensaft	Ky lëng portokalli është i shijshëm.
librari	Buchhandlung	Blej një libër në librari.
përparëse	Schürze	Tomi ka një përparëse me lule.
porosis	bestellen	Porosis një pica Margerita.
sallatë frutash	Obstsalat	Ja një sallatë frutash për ju.
sistemoj	ordnen	Duhet të sistemoj kuzhinën.
sjell	bringen	Majlinda sjell një specialitet shqiptar.
sportiv	sportlich	Genti pëlqen stilin sportiv.
treg	Markt	Studentët blejnë sot në treg.
xhaketë	Jacke, Sakko	Xhaketa e re më pëlqen.
xhup	Strickjacke, Pullover	Xhupi me zingjir është i shtrenjtë.

Shprehje	**Redewendungen**
A ke nevojë për ndihmë?	Brauchst du Hilfe?
Apo jo?	Oder etwa nicht?
bëj sport = merrem me sport	Sport treiben
bën vapë = është vapë	es ist heiß
çaj jeshil	Grüntee
erë e mirë	angenehmer Duft
fërgesë tirane	Pfannengericht nach Tiranaer Art
hera e parë	das erste Mal
kam uri	ich habe Hunger
këpucë me taka	Stöckelschuhe
më këmbë	zu Fuß
me ngjyra	farbig
me numër 42	mit der Nummer 42
më shpejt	schneller
më tej	weiter
me vija	gestreift
një palë doreza	ein Paar Handschuhe
një palë këpucë	ein Paar Schuhe
një palë pantallona	Hose
rriskë buke = fetë buke	Scheibe Brot
sa copë?	Wieviel Stück?
salcë kosi	Joghurtsoße
s'ka nevojë = s'është nevoja	das ist nicht nötig
të dy	beide
xhup me zinxhir	Pullover mit Zipper

Shënime / Notizen:

89. Kërkoj një banesë me qira. Suche eine Mietswohnung.

1) Një bisedë (Ein Gespräch)

- Klara ka një ide interesante. Ajo dëshiron të kërkojmë një banesë të përbashkët.
- Ti dhe Klara?
- Oh, jo, ne të gjithë. Magdalena banon me familjen e saj. Të tjerët janë dakord.
- Të gjithë bashkë jemi 5 persona. Të lutem, a më ndihmon të gjejmë një banesë me qira?
- Ju keni nevojë për një banesë me sipërfaqe rreth 80 metra katrorë.
- Unë mund të pyes disa miq. Nesër të informoj për çmimet.

2) Një telefonatë (Ein Telefongespräch)

- Përshëndetje, Klara! Miku im shqiptar, Genti, mund të na ndihmojë të gjejmë një banesë. Nesër paradite më tregon më gjatë.
- Oh, shumë mirë.
- Qiraja zakonisht nuk është shumë e shtrenjtë.
  Qiranë e ndajmë në pesë pjesë.
  Kështu banesa është relativisht e lirë.
- Majlinda na sjell nesër në klasë disa gazeta.
  Aty mund të lexojmë njoftimet aktuale.
- Po, shumë mirë.
- Unë po kërkoj në internet, por nuk ka shumë oferta.
- Mund të shkruajmë një njoftim në një *chat room* shqiptar.

AB: Ü. 139

Personalpronomen Nominativ	Personalpronomen Akkusativ Langform	Personalpronomen Akkusativ Kurzform
unë – ich	**mua**	**më** – mich
ti – du	**ty**	**të** – dich
ai – er	**atë**	**e** – ihn
ajo – sie	**atë**	**e** – sie

→ Gr. S. 69/1

AB: Ü. 140–143

90. Audio 1 Auf Wohnungssuche. Hören Sie den Text und lesen Sie ihn dann vor.

- Ja ku keni disa gazeta. Aty mund të kërkoni një banesë.
- "Çelësi", "TeleGazeta", "Korrieri", "Gazeta Shqiptare", "Shekulli". Ah, po, unë i njoh disa nga këto.
- Cila është gazeta më e mirë shqiptare?
- Në Shqipëri ka shumë gazeta. "Korrieri" është gazeta ime e preferuar. Ajo është gazetë e pavarur.
  Por ka edhe shumë të tjera.
  Në Kosovë ka gjithashtu shumë gazeta ditore dhe javore, si për shembull "Koha Ditore", "Ekspres" e tjerë.
- Ja ku janë ofertat për banesat me qira.
- Ne na ndihmon edhe miku i Tomit, Genti. Ai na telefonon sot për informacione aktuale.
- Ju ju ndihmon edhe interneti. Aty mund të kërkoni banesa me qira.
- Po, unë dhe Tomi i kërkojmë ofertat në internet.

→ Gr. S. 69/1

AB: Ü. 144–145

Personalpronomen Nominativ	Personalpronomen Akkusativ Langform	Personalpronomen Akkusativ Kurzform
ne – wir	**ne**	**na** – uns
ju – ihr, Sie	**ju**	**ju** – euch/Sie
ata – sie	**ata**	**i** – sie
ato – sie	**ato**	**i** – sie

AB: Ü. 146–147

91. Audio 2 Wohnsituationen. Hören Sie und lesen Sie dann vor.

Ne jemi një çift i ri dhe kemi një banesë të vogël me qira. Qiraja nuk është e lartë. Ne paguajmë njëzet mijë lekë në muaj. Natyrisht duhet të paguajmë edhe ngrohjen dhe energjinë elektrike. Ne mundohemi të kursejmë, sepse dëshirojmë të blejmë një banesë private. Unë dëshiroj një shtëpi në qytet. Edhe burri im, Mikeli preferon jetën ritmike dhe intensive.

Prindërit e Mikelit jetojnë në Korçë. Atje ata kanë një shtëpi private. Është një shtëpi tradicionale korçare, me dhoma të mëdha, me paradhomë të gjërë të punuar me dru. Shpesh prindërit na vizitojnë në Tiranë. Prindërit e mi jetojnë në pallat. Hyrja e tyre ka tri dhoma dhe një kuzhinë. Ata jetojnë në katin e tretë.

AB: Ü. 148

92. Audio 3 Wohnsituationen. Hören Sie und lesen Sie dann vor.

Kjo është familja Gashi. Familja Gashi jeton në Prishtinë. Zoti Kujtim dhe gruaja e tij, zonjë Shpresa, kanë 30 vjet martesë. Kujtimi është piktor dhe Shpresa është mësuese në gjimnazin e përgjithshëm në Prishtinë. Ata kanë dy fëmijë, Arsimin dhe Vesën. Arsimi është më i madh se Vesa. Shtëpia e tyre është e madhe dhe e rehatshme. Ata jetojnë aty së bashku. Shtëpia ka 250 metra katrorë. Ajo ka gjashtë dhoma, një kopsht me zarzavate e fruta dhe një oborr me lule. Kopshti është më i madh se oborri.

Adjektivsteigerung
Arsimi është më i madh **sesa** *Vesa*.
Kopshti është më i madh **se** *oborri*.
sesa = se = als

→ Gr. S. 72/6

AB: Ü. 149–151

93. Übersetzen Sie die Wörter. Arbeiten Sie mit dem Wörterbuch.

kuzhinë ______
sallon ______
banjo ______
qilar ______
paradhomë ______
ballkon ______
tarracë ______
oborr ______
kopsht ______
verandë ______
dhomë gjumi ______
dhomë ndenjeje ______
kati përdhes ______
një palë sandale ______
kati i parë, i dytë, i tretë, i katërt... ______
karrige ______
tryezë ______
llambë ______
llampadar ______
kolltuk ______
tapet ______
qilim ______
orë ______
shtrat ______
perde ______
hekur ______
raft ______
mobilie ______

AB: Ü. 152–154

94. **Audio 5** **Hören Sie das Telefongespräch.**

- Mirëdita! Në gazetë është lajmërimi juaj për një banesë me qira. A është ajo akoma e lirshme?
- ▪ Po.
- A mund ta shoh banesën sot pasdite?
- ▪ Po, patjetër. Banesën mund ta shihni sot në orën 18:30.
- Kam këtu edhe disa miq. A mund t'i marr edhe ata me vete?
- ▪ Patjetër, mund t'i merrni pa problem.

→ Gr. S. 70/2

Konjunktiv + Kurzformen der Personalpronomen		
Falsch		**Richtig**
A mund **të e** shoh banesën?	→	A mund **ta** shoh banesën?
A mund **të i** marr me vete miqtë e mi?	→	A mund **t'i** marr me vete miqtë e mi?

AB: Ü. 155

95. **Audio 6** **Wo befindet sich...?**

- A është "Muzeumi Kombëtar" larg prej këtu?
- ▪ Po, më këmbë është larg. Me makinë është rreth njëzet minuta.
- A ka edhe një autobus linje?
- ▪ Po, linja 5, por mund të merrni edhe taksi.

96. **Audio 7** **Am Telefon: Kommst du mit?**

1)
- A ke kohë për një kafe?
- ▪ Jam në qendër me kolegen time.
- Shumë mirë. Atëherë, eja me kolegen tënde. Unë jam në kafenenë "Studenti".

2)
- A vjen në kinema me ne?
- ▪ Unë jam në qendër me vëllanë tim.
- A vjen me vëllanë tënd? Ne jemi te kinemaja "Millennium".

→ Gr. S. 70

Personalpronomen	Possessivpronomen «Besitz» im Singular männlich		Possessivpronomen «Besitz» im Singular weiblich	
	Nominativ	**Akkusativ**	Nominativ	**Akkusativ**
unë	shoku **im**	shokun **tim**	shoqja **ime**	shoqen **time**
ti	shoku **yt**	shokun **tënd**	shoqja **jote**	shoqen **tënde**

AB: Ü. 156–158

97. Audio 8 Phonetik

1) **Hören Sie zuerst, setzen Sie dann ein: ë – a – e?**

dr__jt l__rg k__ t__z__ nj__ h__llë p__r

2) **Hören Sie zuerst, setzen Sie dann ein: i – y?**

çm__m __t stac__on ecn__ h__j taks__ __ll t__j

3) **Hören Sie zuerst, setzen Sie dann ein: o – u?**

__rë s__t ak__ll__re staci__n sh__h pr__v__j

98. Einladungen zur Wohnungseinweihung schreiben.

- Në festë për banesën e re ftoj mikun tim, Gentin dhe motrën e tij, Edlirën.
- ♦ Ndërsa unë ftoj miken time polake Anjën. Ftojmë edhe mësuesen tonë, Majlindën si dhe Magdalenën me burrin e saj.
- Klara, ti mund të ftosh edhe shoqen tënde dhe kolegun tënd.

➔ Gr. S. 70

Personalpronomen	Possessivpronomen			
	männlich		weiblich	
	Nominativ	Akkusativ	Nominativ	Akkusativ
ai	shoku **i tij**	shokun **e tij**	shoqja **e tij**	shoqen **e tij**
ajo	shoku **i saj**	shokun **e saj**	shoqja **e saj**	shoqen **e saj**

99. Unterstreiche die Possessivpronomen im Text von Übung 98.

AB: Ü. 159

100. Lesen Sie den Dialog. Unterstreichen Sie die Possessivpronomen.

- Bora si je?
- Mirë, faleminderit. Ç'kemi ndonjë të re?
- Tani kemi një banesë të re me qira dhe dëshirojmë të bëjmë një festë për banesën e re. Je e ftuar bashkë me të dashurin tënd. Festa është të shtunën në orën 20.
- Faleminderit për ftesën, por fatkeqësisht nuk mund të vijmë. Të shtunën kemi miq nga Durrësi. Vijnë kushërira e Mikelit me burrin e saj.
- Po, shumë mirë, mund të vijnë edhe miqtë tuaj në festë. Në mesnatë dëshirojmë të shkojmë në diskotekë. Por nuk kemi mjaft makina.
- Miqtë tanë kanë një makinë me shtatë vende. Ne mund të vijmë me makinën e tyre.
- Oh, po, shumë mirë! Ky është një lajm i mirë. Faleminderit! Atëherë shihemi të shtunën!
- Faleminderit për ftesën, Klara! Mirupafshim!

AB: Ü. 160–162

101. Was passt zusammen? Ordnen Sie zu.

Ftesa 1

Festë surprizë për Gentin!

Genti mbush 25 vjeç.

Je i ftuar edhe ti në festën surprizë!

Të shtunën, me 20.06.2020
Ora 20:00, në shtëpinë tonë
Adresa: Bulevardi "Dëshmorët e Kombit"
Tel: 069 82 13 756

Ftesa 2

Në fundjavë gatuajmë së bashku

Kur? E shtunë, 20.05.2021
Ora: 10:00

Ku? Në banesën tonë.
Adresa: Rr. "Abdyl Frashëri" te "Libri Universitar".

Hamë drekën së bashku dhe dalim për kafe në qendër.

A vjen edhe ti?

Përgjigjia A – Ftesa Nr.____

Ideja jote është fantastike!

Këtë fundjavë jam në Berlin. Unë ndjek atje një seminar. Prandaj nuk vij dot në takimin tuaj. ☹

Kalofshi bukur dhe ju bëftë mirë! ☺ ☺

Përqafime!
Gentiana

Përgjigjia B – Ftesa Nr.____

Faleminderit për ftesën.

Të shtunën vij me kënaqësi.
Mund të festojmë deri vonë. Të dielën e kemi të gjithë pushim. ☺ ☺

Mirupafshim së shpejti!

Gjithë të mirat!
Artani

AB: Ü. 163

102. **Audio 9** **Phonetik**

1) Hören und wiederholen Sie.

diftongu au	diftongu ua	diftongu ue	diftongu ye	diftongu io	diftongu ia
autobus	shkruaj	mësuese	lyej	informacion	vegjetariane
Austri	huaj	freskuese	fyej	tradicional	italiane
Australi	shquar	mrekullueshëm	pyetje	koleksion	specialitet
autodidakt	martuar		udhërrëfyes	studioj	
	fejuar				

2) Welche Diphthonge fehlen? Ergänzen Sie und lesen Sie laut vor.

p___s pag___j d___lekt fresk___se ___tobus përkth___se

gat___j gr___ kamp___n akt___l profes___n

103. Bilden Sie Sätze mit: gatuaj – koleksion – dialekt – mrekullueshëm

Shënime / Notizen:

Wortschatz – Module 17–20

Albanisch	Deutsch	Satz
autobus	Bus	Unë udhëtoj me autobus për në shkollë.
ballkon	Balkon	Banesa e Gentit ka një ballkon.
banesë	Wohnung	Studentët kërkojnë një banesë me qira.
bashkëshort	Ehemann	Bashkëshorti i Magdalenës quhet Elez.
çift	Paar	Ana dhe Toni janë një çift I ri.
dytë (i,e)	zweite(r)	Banesa jonë ndodhet në katin e dytë.
festë	Fest, Feier	Studentët festojnë një festë me shokët e tyre.
garsonierë	Einzimmerwohnung	Agimi kërkon një garsonierë me qira.
gazetë	Zeitung	Në gazetë ka njoftime për shtëpi me qira.
hyrje	hier: Wohnung	Hyrja jonë ndodhet në katin e dytë.
kërkoj	suchen	Ai kërkon një banesë të re.
kinema	Kino	Në kohën e lirë shkoj me dëshirë në kinema.
kompletuar (i,e)	hier: eingerichtet	Banesa ime me qira është e kompletuar.
kopsht	Garten	Ne dëshirojmë një shtëpi me kopsht dhe oborr.
kryqëzim	Kreuzung	Shkolla jonë ndodhet te kryqëzimi i parë.
lagje	Stadtviertel	Në lagjen time ka një park të bukur.
lajmërim	Benachrichtigung	Çdo ditë lexoj lajmërimet në gazetë.
lavaman	Waschbecken	Lavamani është i ri.
llampadar	Lampenschirm	Ata blejnë një llapadar të ri për banesën e tyre.
metra katrorë	Quadratmeter	Garsoniera ka 40 metra katrorë.
mobiluar (i,e)	möbliert	Studentët kërkojnë një banesë të mobiluar.
na	uns	Administratori na jep çelësin e banesës.
natyrisht	natürlich	Natyrisht qiranë e ndajmë në katër pjesë.
se	als (bei Vergleichen)	Agimi është më i ngadaltë se Vera.
sesa	als (bei Vergleichen)	Vera është më e shpejtë sesa Artani.

Shprehje	Redewendungen
autobus linje	Linienbus
banesë me qera	Mietwohnung
bën korrent	Es zieht.
dhomë gjumi	Schlafzimmer
dhomë ndenjeje	Wohnzimmer
furrë elektrike	Elektroherd
furrë me gaz	Gasherd
Gjithë të mirat!	Alles Gute!
jepet me qira	zu vermieten
Ju bëftë mirë!	Guten Appetit!
Kalofshi mirë!	Viel Spaß!
larg prej këtu	weit von hier
marr me vete	mitnehmen
mbush 25 vjeç	jd. wird 25 Jahre alt
më tregon më gjatë	jd. erzählt mir mehr
Mirupafshim së shpejti!	Bis bald!
Ç'kemi ndonjë të re?	Was gibt es Neues?
në muaj	pro / im Monat
më këmbë	zu Fuß
nuk vij dot	ich kann nicht kommen
për shembull	zum Beispiel
së bashku	gemeinsam
si për shembull	wie zum Beispiel

Shënime / Notizen:

Çelësi i ushtrimeve – Lösungsschlüssel zu den Übungen

Ü. 5 1. Mirëdita! 2. Ç'kemi? 3. Mirëmbrëma! 4. Mirëmëngjes!

Ü. 6 **s:** Si je? Mirëmëngjes! **ç:** Ç'kemi? **nj:** Manjola **a:** Mirëdita! Faleminderit! Manjola

Ü. 8 1. Natën e mirë! 2. Mirudëgjofshim! 3. Mirupafshim 4. Ditën e mirë!

Ü. 9 **sh:** Mirudëgjofshim! Mirupafshim! **z:** zonjë; **j:** jeni, je; **ë:** Mirudëgjofshim! Natën e mirë! Ditën e mirë! mirë

Ü. 11 1. Mirë se vjen! 2. Si quhesh? 3. Unë jam Karlosi. 4. Unë quhem Magdalena. 5. E ti?

Ü. 12 Mirëdita!; pasaportë; aeroport; informacion

Ü. 14 1. Mirë se vini! 2. Si quheni? 3. Unë jam mësuesja. 4. Unë quhem Karlos. 5. Mirë, faleminderit!

Ü. 15 bagazh, taksi, restorant, valixhe

Ü. 17 1. Ku jeton? – Jetoj në Tiranë. 2. A je amerikan? – Po, jam amerikan. 3. Si quhesh? Quhem Mira 4. Prej nga vjen? Vij nga Spanja.

Ü. 19 1. Ku jetoni? – Jetoj në Shqipëri. 2. A jeni franceze? – Po, jam franceze. 3. Si quheni? – Quhem Ema Guri.

4. Prej nga vini? – Vij nga Gjermania.

Ü. 20 1-një, 2-dy, 3-tre, 4-katër, 5-pesë

Ü. 22 6-gjashtë, 7-shtatë, 8-tetë, 9-nëntë, 10-dhjetë

Ü. 26 1. zonjë, zonja; 2. bagazh, bagazhi; 3. valixhe, valixhja

Ü. 27 1. aeroport; 2. aeroporti; 3. kafe; 4. kafeja

Ü. 29/1 në, Shqipëri, një, nënë, është, këtu

Ü. 32 1. A ke kohë? 2. Më vjen keq! 3. A keni bagazh? 4. Në rregull, mirupafshim! 5. Mirë se vini në Shqipëri! 6. Si je? 7. Një kafe? 8. Një kafe, ju lutem!

Ü. 36/1 **q**uhem, mirëmen**gj**es, **gj**ithçka, ke**q**, pasa**gj**er, Krasni**q**i, **gj**ermanisht

Ü. 36/2 zonjë, më, mjeke, muaj, fal, një

Ü. 36/3 3-Tereza, 1-shpirt, 6-sot, 4-zoti, 2-zonja, 5-si

Ü. 36/4 Mirëmën**gj**es, unë **q**uhem Manjola. Zo**nj**a Krasni**q**i flet sh**q**ip dhe **gj**ermanisht. **M**ë falni, a je**n**i ju **z**onja Tereza?

Shpirt, edhe një **m**uaj jam **n**ë Tira**n**ë. **S**ot **z**onja Agai nuk ë**sh**të në Tiranë.

Ü. 36/5 Q – shqip, Krasniqi; Gj – gjithmonë; M – Mimoza, mjeke, mall; N – në, nënë; Nj – një, zonja, Manjola

Ü. 39 Arsim, Kosova, Shqipëri, Tiranë, Prishtinë.

Ü. 40 Emri – Xhemi; Mbiemri: Kulla; Adresa: Rruga Iliria, Nr. 175 Tiranë, Shqipëri;

Telefoni: +355 4 265132; Celulari: +355 6818704; E-Mail-i: xhemi.kulla@gmail.com

Ü. 41 quhem, jam, nga, jetoj, punoj, në

Ü. 42 Ajo quhet Besforta. Ajo është shqiptare. Ajo vjen nga Shkupi. Ajo jeton në Prishtinë.

Ajo punon në aeroport në Prishtinë. Ajo shkon shpesh edhe në Shqipëri.

Ü. 43 1. Unë jam Edlira dhe vij nga Tirana. 2. Kjo është Besforta dhe vjen nga Shkupi. 3. A është ky Albani? 4. Tomi vjen nga Austria dhe flet pak shqip. 5. Mirëdita! Si jeni? 6. Unë quhem Arsim dhe vij nga Prishtina.

Ü. 45 Adjektive mit Gelenkartikel: (sheshi) i njohur, (shtëpi) e bukur

Adjektive ohne Gelenkartikel: (miku) austriak, (udhërrëfyesi) turistik, (shtëpi) karakteristike, (shtëpi) tiranase

Ü. 46 Adjektive mit Gelenkartikel: i njohur, e bukur

Adjektive ohne Gelenkartikel: austriak, turistik, karakteristike, tiranase

Ü. 50 Majlinda: Unë nuk jam amerikane. Vij nga Shqipëria. Jam shqiptare. Flas shqip.

Karlosi: Unë nuk jam shqiptar. Vij nga Spanja. Jam spanjoll. Flas spanjisht.

Magdalena: Unë nuk jam austriake. Vij nga Zvicra. Jam zvicerane. Flas gjermanisht dhe italisht.

Tomi: Unë nuk jam italian. Vij nga Austria. Jam austriak. Flas gjermanisht.

Klara: Unë nuk jam spanjolle. Vij nga Italia. Jam italiane. Flas italisht.

Xhejmsi: Unë nuk jam zviceran. Vij nga Amerika. Jam amerikan. Flas anglisht.

Ü. 51 Vendi: Shqipëri – Shqipëri**a**, Spanjë – Spanja, Zvicër – Zvicra, Itali – Italia, Amerikë – Amerika

Kombi: shqiptar – shqiptar**e**, spanjoll – spanjolle, zviceran – zvicerane, italian – italiane, amerikan – amerikane

Gjuha: shqip, spanjisht, gjermanisht, italisht, anglisht

Ü. 52 Gyl: Unë quhem Gylçan. Jam turke. Vij nga Turqia. Jetoj në Finlandë. Flas turqisht dhe finlandisht.

Zhak: Unë quhem Zhak. Jam francez. Vij nga Franca. Jetoj në Rusi. Flas frëngjisht dhe rusisht.

Ü. 53 1. Ismail Kadare, 2. Celine Dion, 3. Jim Belushi, 4. Maria Sharipova

Ü. 54/1 a) cila, Xoxa, Pogradec, xixëllonjë, agjenci; b) xhaxha, ç'kemi, çfarë, vjeç; c) faleminderit, trafik, flet, fal

Ü. 54/2 **gj**ithçka, vali**xh**e, **xh**aketë, **gj**ermanisht, **xh**a**xh**a; **ç**'kemi, **q**uhem, **ç**farë, sh**q**ip, **ç**okollatë

Ü. 54/3 Ksj**çfarë**bzte**nxënës**majpjaëksdj**trafik**pqje**cila**ndkn**lexoj**beud**ivështirë**lakjen**vonesë**sndk**xixëllon**

Ü. 61 0246016, 0365871, 0692165321

Ü. 65 Në raft gjenden disa libra **të** rinj. Librat **e** rinj gjenden në raft.

Në raft gjenden disa jorganë **të** mëdhenj. Jorganët **e** mëdhenj gjenden në raft.

Në sirtar gjenden disa perde **të** reja. Perdet **e** reja gjenden në sirtar.

Në sirtar gjenden disa *cd* **të** reja. *Cd*-të **e** reja gjenden në sirtar.

Ü. 66 1. Librat interesantë janë mbi tryezë. 2. *Cd*-të fantastike janë në sirtar. 3. Djemtë dembelë janë në shtëpi.

Ü. 67 1-B, 2-A, 3-D, 4-C

Ü. 71 1. Kjo është motra ime. Ajo është përkthyese. Ajo është e zonja.

	2. Kjo është halla ime. Ajo është pensioniste. Ajo është e lumtur.
	3. Ky është nipi im, Ermali. Ai është student. Ai është i zgjuar.
Ü. 72	1. Nëna e tij është mjeke. Ajo është shumë e përpiktë dhe e dashur.
	2. Babai i tij është gazetar. Ai është shumë i zoti dhe nganjëherë i rreptë.
	3. Kunata e saj është parukjere. Ajo është e zonja dhe e bukur.
	4. Kunati i saj është elektricist. Ai është i shkathët dhe nganjëherë përtac.
Ü. 73/1	përkthyese, gjithashtu, shkathët, njëzet
	Edlira është përkthyese. Motra ime është e shkathët. Ai është njëzet vjeç. Unë flas gjithashtu italisht.
Ü. 73/2	ë**sh**të, baga**zh**, **sh**oh, vë**sh**tirë, **zh**urmë, **sh**umë
Ü. 77	pica; tapas; kek me çokollatë; hamburger me salcë pikante; fërgesë tirane dhe kimë
Ü. 78	thikë, gotë, filxhan, lugë, pirun, pjatë, tenxhere, kapak, tas, kullore, garuzhdë, tabaka, shishe, brokë, taketuke, fëltere
Ü. 79	enëlarëse, mikrovalë, frigorifer, furrë elektrike, banak, furrë me gaz, fshesë, sirtar, fshesë me korrent, hekur
Ü. 82/1	qepë, mollë, rrush, kumbull, portokall, bostan, pjepër, spinaq, lakër, sallatë, patëllxhan, patate
Ü. 82/2	salcë kosi, kos, djathë, qumësht, oriz, makarona, kripë, gjizë
Ü. 82/3	pije freskuese, sufllaqe, hamburger, arançatë, pite, qebapë, byrekë, patate
Ü. 87/1	li**b**rari, **p**jeshkë, **p**referoj; **b**ukë, **p**unoj, **b**lej, **b**ulmet, **p**eshk
Ü. 87/2	**d**ëshiroj, **t**ani, **t**or**t**ë, **d**i**t**ëlin**d**je, mo**t**ër, **t**ë, mirë**d**i**t**a, **d**y, **d**yqan, **T**iranë
Ü. 87/3	**k**ushton, **g**atuaj, mi**k**, **k**ëmishë, hambur**g**er, byre**k**, fres**k**uese, për**g**atit, **g**ati, **k**ën**g**ë
Ü. 87/4	**h**a, **j**a, bë**j**, du**h**et, p**j**atë, qu**h**et
Ü. 97/1	dr**e**jt, l**a**rg, k**a**, t**e**z**e**, nj**ë**, h**a**llë, p**ë**r
Ü. 97/2	çm**i**m, **y**t, stac**i**on, ecn**i**, h**y**j, taks**i**, **y**ll, t**i**j
Ü. 97/3	**o**rë, s**o**t, ak**u**ll**o**re, staci**o**n, sh**o**h, pr**o**v**o**j
Ü. 101	Përgjigjia A – Ftesa 2; Përgjigjia B – Ftesa 1
Ü. 102/2	p**ye**s, pag**ua**j, d**ia**lekt, fresk**ue**se, **au**tobus, përkth**ye**se, gat**ua**j, gr**ua**, kamp**io**n, akt**ua**l, profes**io**n